# 個人情報保護法の狙い

臺 宏士 著

緑風出版

# 個人情報保護法の狙い・目次

# 個人情報保護法の狙い●目次

# はじめに

「個人情報の保護」「人権の救済」「青少年の健全育成」——などといった正面から反対しづらい名目を盾に公権力によるメディア規制の動きが強まっている。

表現・報道の自由への規制を招く危険性があるとしてメディア界が警戒しているのは、政府が二〇〇一年三月に閣議決定し、通常国会に提出した「個人情報保護法案」(同年秋の臨時国会へ継続審議)▽法務省の人権擁護推進審議会が設置を提案している「人権委員会」(仮称)▽自民党の「青少年社会環境対策基本法案」▽東京都の「改正青少年健全育成条例」(二〇〇一年三月成立、同年七月一日一部施行)——の四つだ。

個人情報保護法案は、取材の際に、第三者からの収集を禁止し、本人の同意を求め、人権委員会はマスメディアによる「過剰な取材」に対して、「自らの人権を自ら守ることができない」本人に代わって、勧告・公表したり、出版物の発行差し止めを裁判所に求めることができる。また、自民党や都の法案・条例は、青少年に有害な出版物の発行や、流通を規制する内容だ。

これらの法律や条例、機関が成立・設置されると、それぞれが相互に補完しながら、運用次第では、取材段階から発行・放送の事前抑制、そして報道後までのすべての段階で報道活動を規制することが可能になってしまう恐れがあるのだ。

さらに、有事法制と憲法改正を検討する与党が今度は「有事・安全保障」を理由に加える日も遠くはないとみられる。

次々と法案提出の準備を進める政府・与党の強気な姿勢の背景には、興味本位でプライバシーを侵害するような記事や番組に対する世論のメディア不信があると言われる。

いずれの法律・条例も、戦前の治安維持法などのように正面から手足を縛る方法ではない。どう世論を味方につけるかに工夫を凝らし、より巧妙化している。

元共同通信編集主幹でジャーナリストの原寿雄氏はこうした状況を「権力と世論が一緒になってメディアに総攻撃を開始した。メディアは、権力と世論の挟撃に遭っている」と表現する。

実際、個人情報保護法案に対するメディアの厳しい批判が高まる中、法案を作成したある官僚は、私にこう言った。

「(一連の規制の動きは)そもそもマスコミの自業自得だ」

なぜ、政府・与党は強気になれるのか。世論が味方についただけなのか。

日本新聞協会が発行する月刊誌『新聞研究』の赤尾光史・前編集長(現・編集制作部主管)は「作家の故・司馬遼太郎氏の表現を借りれば、一九九九年にこの国の形が変わった」と言う。新聞研究は、最初に個人情報保護法案の危険性を指摘したメディアだ。

赤尾氏の言う「形が変わった」とは、どういうことか。

一九九九年は「日の丸」を国旗に、「君が代」を国歌にする「国旗国歌法」、盗聴捜査を可能にする「通信傍受法」、国民全員に一一けたの番号を強制的に割り当て、個人情報を一元管理する「改正住民基本台帳法」、自衛隊の出動範囲の拡大を図る「日米防衛協力指針（ガイドライン）関連法」など、本来なら内閣がいくつつぶれてもおかしくないほどの法律が当時の小渕恵三内閣の下で次々に成立した。

赤尾氏は言う。

「全く個人的な意見だが、いわゆる〝九九年問題〟に対してジャーナリズムは反応できなかった。政府はこの時にメディアをよく学習した。その延長線上に一連のメディア規制法がある。その最初に理解が難しい個人情報保護法案を持ってきたのは高等な戦略だと思う。メディアの手足を縛る狙いをも持つ個人情報保護法案が出てきた背景には何があるのか。歴史的な背景の中でとらえるべきだろう」

最後に、表現の自由を国民に保障している日本国憲法第二一条を読み返してみたい。

【集会・結社・表現の自由、検閲の禁止、通信の秘密】

一　集会、結社及び言論、出版その他一切の表現の自由は、これを保障する。

二　検閲は、これをしてはならない。通信の秘密は、これを侵してはならない。

これに対して、東洋で最初の成文憲法典とされる「大日本帝国憲法」（一八九〇年施行）は、第二九条でこう規定している。

「日本臣民ハ法律ノ範囲内ニ於テ言論著作印行集会及結社ノ自由ヲ有ス」。

表現の自由は法律の認める範囲に限られていた。このため、政府が行なうその後のさまざまな言論弾圧立法に何ら歯止めをかけることも出来なかった。自由な言論を封じる戦時体制を築き上げたのは歴史が証明するところだ。

ところがその日本国憲法そのものの改正が政治課題となる今日、憲法二一条の表現の自由が担うその役割も見直し機運に引き込まれつつあるのかもしれない。

二〇〇一年は、「サンフランシスコ講和条約」が発効し、連合国軍による占領が終了(一九五二年四月)、日本が主権を回復してから五〇年目に当たる。このままでは、何年か後に歴史家が「メディア規制元年」と、名付けかねない。

赤尾氏の目に映った形が変わったというこの国は、一体、どんな姿をしているのだろうか。

本書では、二〇〇一年秋の臨時国会へ継続審議となった個人情報保護法案を中心に、数々のメディア規制法の動きや問題点を検証した。

# 1

# 個人情報保護法案とメディア

Chapter 1

# 個人情報保護法案

政府・与党によるメディア規制法の第一号とも言えるのが「個人情報の保護」を名目にした「個人情報の保護に関する法律案」〈個人情報保護法案〉だ。

政府は二〇〇一年三月二七日に閣議決定し、同日第一五一回国会（二〇〇一年一月三〇日～六月二九日）に提出した。

同法案は、民間分野に初めて個人情報に関して法の網をかけるとともに、表現・報道分野に関しても規制対象とした点に特徴がある。だからこそ、メディア界は「表現・報道の自由の規制につながる」として、こぞって異を唱えている。

法案は、同国会では、野党を含めた強い反対の声があったことや、森喜朗氏から小泉純一郎氏への政権交代で国会が長期間にわたって事実上、休会状態となったため、審議時間不足という「追い風」も重なり、実質的な審議はないまま、九月に召集が予定されている臨時国会へ継続審議となった。

危機にさらされ始めた表現・報道の自由。政府案の問題点を検証した。

## 「いずれ政府に乱用される時が来る」与党幹部

二〇〇一年二月中旬。

個人情報保護法案を担当する内閣官房の幹部二人が与党関係議員を東京・永田町にある議員会館に訪ねた。事前に法律の趣旨を与党側に説明しておくことで、すんなり法案を通してもらうための根回しだ。特にこの議員は、政府案が表現・報道の自由の制約につながるのではないか、という懸念を持っていることが政府に伝わり、幹部が飛んできて「ご説明」になったという。

この時期は、ようやく与党側に法案の骨格についての説明が始まったばかり。内閣官房にある個人情報保護担当室は、三月中旬の閣議決定を目指し、内閣法制局との調整や、関係省庁からの問い合わせなどに追われていた。

法案の条文の立て方も日替わりメニューのように書いては消し書いては消すような作業が繰り返され、首相官邸から一本道路を隔てた東側にある内閣府別棟二階の担当室の窓は、連日深夜まで明かりが消えなかった。政府の事務方にとっては、そんな時期に与党からの口出しで作業に支障が出ることへの懸念も小さくはない。

二人は個人情報保護法案が、いかに表現・報道の自由に配慮されているかということを説明。さらに、法制化の意義をこう強調した、という。

「新聞社が自主的な苦情処理機関の設置を始めたのも個人情報保護法が作られることになったからですよ。そう言う意味でも（メディアを対象にした）法制化は、必要だ。そうでなければいまでも苦情処理機関はできていない……」

幹部の一人はその席上、誇らしげに「手柄」を語り、部屋を後にした、という。

この自主的な機関とは社外の第三者を交えて紙面への苦情や、その対応を評価する毎日新聞社の「開かれた新聞委員会」や朝日新聞社の「報道と人権委員会」など二〇〇〇年秋以降に新聞各社が相次いで設置した機関を指すとみられる。

日本新聞協会によると、こうした機関は二〇〇一年七月現在、二〇社以上が既に設置、あるいは設置を表明している。

「この法律は、いずれ政府に乱用される時が間違いなく来るね」

この与党議員は、幹部の口振りにこう感じた、という。

政治家や官僚などが、「個人情報の保護」を名目に自分たちに都合の悪い記事が載ることを防ぐことに利用しかねない兆しが早くも見え始めているのだ。

## NPOも規制対象に

まず、個人情報保護法案は、どんな法律なのかをみてみたい。

個人情報保護法案の廃案を訴える作家・ジャーナリストら＝2001年5月28日、東京・神田神保町で

政府案は、（一）総則（二）基本原則（三）国及び地方公共団体の責務等（四）個人情報の保護に関する施策等（五）個人情報取扱事業者の義務等（六）雑則（七）罰則の計七章六四条と附則八条で構成されている。

法律の目的と定義を示したのが総則。第一条で「高度情報通信社会の進展に伴い個人情報の利用が著しく拡大していることにかんがみ、（中略）個人情報の有用性に配慮しつつ、個人の権利利益を保護することを目的とする」と定めた。

個人情報は「生存する個人に関する情報であって、当該情報に含まれる氏名、生年月日その他の記述等により特定の個人を識別することができるもの」（第二条）と定義している。

電話の会話や手紙の内容など憲法で保障された「通信の秘密」とかかわるプライバシーの領域に限らず、いわゆる外延情報といわれる領域も含め個人が識別される情報であれば何でも保護しようというわけだ。

しかも、電算処理、いわゆるデジタル情報だけではなく、出勤簿や学籍簿、診療録など紙ベースで検索可能なようにファイル管理された「マニュアル処理情報」も含まれている。

総則や基本原則は、国や地方自治体などの公的分野、個人や企業など民間分野の両分野が適用対象となる。教育基本法や、環境基本法などいわば一般的には「基本法」といわれる法律に相当する部分だ。その目的を達するために必要な努力義務を具体的に明記したのが基本原則になる。

基本原則は、「利用目的による制限」（四条）、「適正な取得」（五条）、「正確性の確保」（六条）、「安全性の確保」（七条）、「透明性の確保」（八条）――の五項目を定めている。

「利用目的による制限」は、「個人情報は、その利用の目的が明確にされるとともに、当該目的の達成に必要な範囲内で取り扱われなければならない」とされ、本人の同意の必要性や、同意を得ないで勝手に第三者に提供することを禁止することがその内容だ。

「適正な取得」は、「個人情報は、適法かつ適正な方法で取得されなければならない」とし、うそをついたり、本人の知らない間に第三者から情報収集したり、不正な手段を使って入手することの禁止規定だ。

「正確性の確保」というのは、「個人情報は、その利用の目的の達成に必要な範囲内で正確かつ最新の内容に保たれなければならない」とされている。内容が誤っていたり、古かったりすると予期しない被害を本人に及ぼしかねない。例えば、コンピューターの入力ミスで債務額が過大に誤っていた場合など本人にとっては重大な問題だ。

「安全性の確保」として「個人情報の取扱いに当たっては、漏えい、滅失又はき損の防止その他の安全管理のために必要かつ適切な措置が講じられるよう配慮されなければならない」と規定している。

これは、企業で言えば管理体制や責任者を明確にすることや、コンピューターを使っていれば、ファイアーウオールの導入や暗号化による情報管理など必要なセキュリティー対策を講じることを求めたものだ。

最後が「透明性の確保」。「個人情報の取扱いに当たっては、本人が適切に関与し得るよう配慮されなければならない」と定めている。

これらは、本人からの開示や訂正、利用の停止を求められたらこれに対して応じることを内容としている。自己情報コントロール権などと言われることが多いが、基本原則では努力義務となっている。

この基本原則は、個人情報の国際的な流通が本格化していることを背景に、個人情報の保護と利用との調和を図る目的で経済協力開発機構（ＯＥＣＤ）理事会が、一九八〇年九月に採択した「プライバシー保護と個人データの国際流通についてのガイドラインに関する理事会勧告」で示された国際的な基準を基につくられた。ＯＥＣＤ八原則は、経済産業省（旧通産省）や総務省（旧自治省、郵政省）などが所管する業界団体が守るべきガイドライン（自主規制指針）を策定する際の参考基準となっている。

(1)収集制限の原則、(2)データの正確性の原則、(3)目的明確化の原則、(4)利用制限の原則、(5)安全保護の原則、(6)公開の原則、(7)個人参加の原則、(8)責任の原則――の八原則がそれだ。法案では八原則で重複している表現を省き、五項目に集約した。

この基本原則に違反したとしても、ただちに政府から勧告や命令を受けたり、逮捕されたりすることはない。ただし、損害賠償を求める民事訴訟などで裁判官が判断する基準の一つにはなる、という。

この基本原則とは別に、民間分野に関しては、第五章で「個人情報取扱事業者の義務等」を定めている。

これらの「義務等」は、基本原則を具体的に義務化した内容だ。

例えば、個人情報取扱事業者が保有する個人情報について、本人から「開示」や「訂正」、さらに「利用の停止（削除）」を求められた場合、応じる義務を課している。これに応じなかったり、本人の同意を得ないで収集したり、目的外に利用した場合など保護義務規定に違反すると、主務大臣から個人情報の取り扱いについて「報告」（第三七条）を求められたり、「必要な助言」（第三八条）を受ける。

また、主務大臣は「必要があると認める」ときは、違反行為の中止を「勧告・命令」（第三九条）することができる。

個人情報取扱事業者は、主務大臣による勧告や命令に従わないと、「六月以下の懲役又は三〇万円以下の罰金」（第六一条）を科せられるという仕組みになっている。

それでは、この個人情報取扱事業者にはどんな人が該当することになるのだろうか。

政府案では、個人情報取扱事業者を「個人情報データベース等を事業の用に供している者をいう」（第二条）と定めている。

ただし、(1)国の機関、(2)地方公共団体、(3)独立行政法人、(4)特殊法人――など公的な機関は除外されている（同）。

政府によると、個人情報取扱事業者の要件には、企業のように営利活動しているかどうかは問われない。ＮＰＯ（非営利団体）や、町内会、大学や高校の同窓会など任意団体、あるいは個人でも、目的を持って継続的に個人情報を活動に利用していれば「個人情報取扱事業者」とみなされることになる、という。

目的を問わないということは、ある目的を持って継続的に使っていれば（事業性という）私的な利用も含まれることを意味する。携帯電話や電子手帳、パソコンなどに登録されている友人の住所録も規制を受けることになる。かなり広い範囲を想定している。

ただし、保有する個人情報の量が一定の規模以上であることには限定される。法案に規定はなく今後、政令で決められることになるが、いまのところ下限は一万人から一〇〇〇〇人の間で決められる見通しだ。

個人情報の流出などでこの数年間に社会問題化したケースでは、ほぼこの範囲にあるのだという。

## 報道分野も基本原則を適用

個人情報保護法案で最大の焦点は、報道を含め憲法上の他の権利との調整を要する分野の適用の要否だ。

政府案では、第六章「雑則」の第五五条で、第五章「個人情報取扱事業者の義務等」（第二〇条〜第五四条）の適用を除外する規定を次のように定めている。

「個人情報取扱事業者のうち次の各号に掲げる者については、前章の規定は適用しない」とした。つまり、（一）放送機関、新聞社、通信社その他の報道機関（二）大学その他の学術研究を目的とする機関若しくは団体又はそれらに属する者（三）宗教団体（四）政治団体――が報道目的や学術研究目的、宗教活動、政治活動の目的で取り扱う場合に限っては、除外されることになった。政府の見解によれば、報道活動を行なっていれば、明記はされていないが、個人も出版社も報道機関に含まれるものだという。くどくなるが、政府案では民間分野に対する規制は、努力規定の「基本原則」と、違反すると罰を受けることになる義務規定の「個人情報取扱事業者の義務等」の二段構えだ。これら四分野では、後者の「個人情報取扱事業者の義務等」は適用を受けない。しかし、基本原則は適用されることになってしまった。

適用事項はまだある。

第五五条は「個人情報取扱事業者の義務等」の適用除外を定めながらも、二項で次のような別の網を被せている。

「個人データの安全管理のために必要かつ適切な措置、個人情報の取扱いに関する苦情の処理その他の個人情報の適正な取扱いを確保するために必要な措置を自ら講じ、かつ、当該措置の内容を公表するよう努めなければならない」。ただでは除外させないというわけだ。

日本新聞協会や日本民間放送連盟（民放連）などメディア界がこぞって「報道の分野はそもそも法の対象外とすべきだ」という主張は退けられてしまった。

それでは、なぜ、メディアは報道分野を法の対象外とすることを求めているのか。

それは報道・取材とは、個人情報そのものを扱う活動だ、と言ってよい。

到底、本人が認めず、同意が得られないような情報も含めて、日常的に第三者からの情報提供・協力を得ながら情報を収集し、事実関係の裏付け取材を行なっている。

ところが、基本原則が適用されると、たとえ法的な拘束力は弱く罰則はないとしても、取材者に心理的な圧力がかかり、公権力の不正を暴く過程でその影響は免れないだろう。

例えば次のようなケースを考えてみたい。、汚職の疑いがある政治家や高級官僚ら公人についてメディアが周辺取材を行なっていることに政治家らが気付いたとする。政治家らは基本原則の一つである「透明性の確保」の原則を悪用し、取材者が収集した自分の個人情報の開示を迫る可能性は十分ある。

さらに、「適正な取得」原則にも問題がある。常識的な方法による情報取得は一見、当たり前のように映るだろうが、懸念は小さくない。

例えば、裁判などの場で適正な取得かどうかの立証を求められたとしよう。ここでは、取材源の秘匿という報道の根幹にかかわる問題が出てくる。

取材者が取材源（情報提供者）を公権力からの不当な圧力から守ろうとすれば、十分な証明を行なうことは非常に難しい。取材源は、絶対に明かすわけにはいかないからだ。

そのため、結果として、取材者が、予期しない理不尽な批判にさらされることは間違いない「適正な取得であるのに何故、明らかに出来ないのか。不正な手段で入手したからではないか」——と。

また、政治家らがこの基本原則を根拠に直接訴訟を起こすことは困難でも彼らに有力な武器を与えることには変わりない。

ここでは、裁判官が判断する際にどの程度の「規範性」を基本原則が持つかが問題となる。

この点に関して、法案のベースとなった「個人情報保護基本法制に関する大綱」の考え方は参考になる。「大綱」は、政府の個人情報保護法制化専門委員会（園部逸夫委員長）が策定した。専門委の委員を務めた藤原静雄・国学院大学教授は法律専門誌『法学教室』（二〇〇一年七月号）の論文「個人情報保護の基本原則」でこう指摘している。

「裁判規範性について言えば、直接本条（＊四条〜八条、筆者注）を根拠に裁判上の開示請求権等が導かれるものではないと考えられる。しかしながら、例えば、民法上の不法行為による損害賠償請求の場面では、基本原則は、違法性の判断要素となり得るであろうし、また、差止請求等の場合にも、請求権の底にある人格権の一つの現れとして参酌されることはあり得よう。さらに、苦情処理の場面において、裁判外紛争処理制度（ＡＤＲ＊同）で行為規範としての評価を受けることもあると思われる」

個人情報保護担当室の藤井昭夫室長も法律専門誌『ジュリスト』（一一九〇号）の座談会「個人情報保護基本法制大綱をめぐって」で、「（専門委では基本原則にある）開示・訂正・利用停止について裁判規範たり得るということについての異論はあまりなかったと思います」と述べている。

## 社会全体に萎縮効果生む恐れも

さらに法案はもっと大きい問題を抱えている。

繰り返すが、「報道機関」が取り扱う報道目的の個人情報に限って、場合によっては懲役刑を受けることになる義務規定を適用しないことになった。しかし、取材を受ける側は、適用が除外されていないのだ。

どういうことが起きうるのだろうか。

例えば、ある政治家が何らかの便宜供与の見返りとしてゴルフ会員権を無償で提供を受けていたとする。この情報をキャッチしたメディアの求めに応じて、個人情報取扱事業者であるゴルフ場が会員名簿をメディアに見せた場合などで問題となることが考えられる。

「本人に無断で個人情報を第三者に提供した。個人情報保護法の第二一条（利用目的による制限）に違反している」――などと、この政治家が義務規定違反を根拠にゴルフ場を相手に損害賠償を求める訴訟を起こす可能性は十分にある。

また、政治家がゴルフ場を所管する主務大臣に「勝手に個人情報を提供された」と苦情を申し出たとする。主務大臣は、個人情報保護法に基づいて、無断提供した理由について、「報告」を求めたり（第三七条）、「助言」したり（第三八条）、「勧告」や「命令」をするかもしれない（第三九条）。たとえ、メディア側が適用を除外されていたとしても、その取材先が罰則を科せられるようでは、表現・報道の自由は大きな制約を受けることになる。

こうしたケースが重なれば、「法律に違反する形で情報を提供することはできない」という委縮効果を社会全体に生む可能性は、極めて大きいのだ。

間接的に取材をやりにくくしようとする政府・与党の意図が見え隠れすると言えまいか。

## 「ないよりまし」の政府の配慮義務

このように、取材を受ける側が制約を受けることの影響は非常に大きい。

こうした指摘に対して、政府側は「政府には配慮義務を明記し、関与しない仕組みにしている」と反論する。

「配慮義務」とは、第四〇条の規定のことだ。

法案は、第四〇条で「主務大臣は、前三条の規定により個人情報取扱事業者に対し報告の徴収、助言、勧告又は命令を行う場合においては、表現の自由、学問の自由、信教の自由及び政治活動の自由を妨げることがないよう配慮しなければならない」と規定している。

この「配慮義務」とは、「この分野に関しては政府が関与しないことだ」（個人情報保護担当室）という。法案には政府がこれに違反して関与した場合に罰則規定があるわけではない。果たして本当に心配ないと言えるのか。

政府によると、第四〇条は、「義務規定の適用除外の裏表の関係にある」（同）との理由で盛り込まれたが、内閣法制局は当初、「憲法上の権利について政府が配慮するのは当たり前で、わざわざ明文化する必要はないのではないか」と難色を示していたという経緯があるのだ、という。

それでは、この配慮義務とは、どの程度の拘束力を政府に対して持つのか。この点がポイントになりそうだ。

個人情報保護法制に詳しい弁護士で、近畿大講師の岡村久道氏（情報法、コンピューター法）は、こう指摘する。

「個人情報保護法案第四〇条で規定された主務大臣の『配慮義務』は、義務という名称は付けられていても、この規定に違反したという理由で裁判所に出訴できるような性格のものでもなければ、違反に対して法的なペナルティーが課せられている性格のものでもない。つまり、この規定に反した行為が行なわれた場合、世論の非難が生じることはあり得るとしても、直接これを遵守させるための担保となるものは、この法案中には規定されていないのである。その意味で、残念ながら純然たる具体的義務ではなく、いわば努力義務的な色彩の規定にすぎない。したがって、この規定が置かれたことをもって、権力の乱用に対する強力な歯止めの役割を果たすことができるに至ったと判断するのは、極めて早計であろう。『権力の乱用を防ぐことになるのでしょうか』と問われれば『ないよりまし』程度の条項にすぎないと回答するほかはない」

要するに、政府による乱用を防ぐ重石として期待することは難しい、ということのようだ。

## 報道かどうかは政府が判断

さらに政府案の問題点は、報道分野の個人情報だけではない。

報道機関が保有する報道目的以外の個人情報は義務規定の適用を受け、主務大臣が介入する余地を残してしまった点も挙げられる。

先に第五章「個人情報取扱事業者の義務等」の適用除外について説明した。この中で、適用除外を定めた第五五条の但し書き規定には注意する必要がある。

「ただし、次の各号に掲げる者（＊五五条一号〜四号にある報道機関、学術研究機関・団体、宗教団体、政治団体、筆者注）が、専ら当該各号に掲げる目的以外の目的で個人情報を取り扱う場合は、この限りではない」

これは、どういうことなのか。

例えば、新聞の購読者情報を「個人情報取扱事業者の義務等」として扱うことにしたことについても問題だ、とする声も出てきている。

松井茂記・大阪大教授は法律専門誌『ジュリスト』（一一九〇号）に寄せた論文「個人情報保護基本法とプライバシーの権利」で、こう危険性を指摘している。

「顧客の個人情報についても、個人情報保護のため、だれがどの新聞を購読し、だれがどのような本を読んでいるかを政府が調査できることになれば、それはマス・メディアだけでなく顧客の個人情報をも侵害する恐れを生じさせる。（中略）マス・メディアに法的規制を包括的に適用することは、たとえ取材や表現・報道についての適用除外が認められたとしても、あまりに危険が大きすぎる。」

アメリカでも、マス・メディアに対する個人情報保護の法的規制は課されていない。やはり、マス・メディアによるプライバシー情報の取扱いに特に問題があるという立法事実がない以上、マス・メディアは、個人情報保護基本法制の適用対象からはずすべきであったように思われる」

報道目的の個人情報の範囲は非常にあいまいだ。第一、この法律に言う報道とは何を指すのか。政府は北川れん子氏の質問主意書〈二〇〇一年六月二五日付〉に対する答弁書〈二〇〇一年七月二三日〉でこう定義している。

「不特定かつ多数の者に対して客観的事実を事実として知らせること又は客観的事実を知らせるとともにこれに基づいて意見若しくは見解を述べること」

そもそもだれが報道目的の個人情報かどうかを判断することになるのか。もちろんそれは政府が決めることになる。

政府が「一部の写真週刊誌」の記事を「報道目的ではない」と判断すれば、個人情報保護を名目に、勧告したり中止命令を出したり、罰則を科すことも可能になるわけだ。

二〇〇一年五月一〇日。個人情報保護担当室長を務める藤井昭夫氏が出席した公開討論会が東京・永田町の衆議院第一議員会館で開かれた。

主催は、廃案を求めるノンフィクション作家やフリーライターでつくる「共同アピールの会」。ノンフィクション作家の吉岡忍氏がコーディネーター役を務めた。約二時間の討論会で明らかになった藤井氏の発言は、政府の狙いを浮かび上がらせた。

二〇〇一年六月五日付毎日新聞朝刊「追跡・メディア」面で、討論会を下敷きに次のような特集記事を筆者は書いた。

◇　◇　◇

「政府案の問題点・公開討論会で改めて明らかに――」

政府が今国会に提出した個人情報保護法案に対し、表現の自由を守る立場から作家やフリージャーナリストら出版界からの批判も高まっている。政府立法担当者との公開討論会などで明らかになった法案の主な問題点を改めて整理した。

**基本原則の適用譲らず**

法案は「努力義務」として、開示・訂正など本人の関与を定めた「透明性の確保」や第三者からの収集を禁じた「利用目的による制限」「適正な取得」など五項目の基本原則を定めた。政府の個人情報保護法制化専門委員会が昨年一〇月にまとめた「大綱」は、この原則を「公益上必要な活動や正当な事業活動等を制限するものではない」として取材活動に一部理解を示したが、法案には明記されなかった。

〈政府の見解〉

政府の藤井昭夫・個人情報保護担当室長は討論会で「（基本原則では）公権力がチェックするシ

ステムは設けていない。自主的に努力していただくことは譲れない一線だ」と明言し、譲歩姿勢は示さなかった。

〈報道側の見解〉

日本新聞協会は意見書で「基本原則が適用されると取材を受ける側が委縮したり、基本原則を口実に取材を拒否するケースが増加し、十分に報道できなくなることも予想される」と主張し、法の全面対象外にすることを求めている。作家側も討論会で同様の懸念を表明した。

### 出版、明記せず

法案は、民間の個人情報取扱事業者に課す義務規定の適用除外を「放送機関、新聞社、通信社その他の報道機関」の「報道の用に供する目的」に限っている。個人情報保護法制の基本方針を示した政府の個人情報保護検討部会は中間報告（九九年一一月）で、「基本原則」について「憲法上の考えを踏まえ適用の要否を検討する必要がある」として報道、出版など幅広く表現の自由の尊重を求めた。だが法案は適用除外分野を報道に限定し「出版」は明記していない。

〈政府の見解〉

出版を明記しなかった主な理由として「出版業界は文芸作品（やマンガ、情報誌）など範囲が広く、出版社全体を報道機関と言い切ってしまうのには違和感がある」と説明。ただし「その他の報道機関」には「報道目的の雑誌を発行している出版社やフリージャーナリストの活動も報道機

公開討論会で法案の説明をする政府・個人情報保護担当室の藤井昭夫室長＝2001年5月10日、東京・永田町の衆議院第一議員会館の会議室で

関に含まれる」との見解を示した。

〈出版社の意見〉

出版一六社は五月下旬、全国紙に掲載した意見広告で「適用除外項目に出版社の文言はない。報道に値するか否かの審査は主務大臣のサジ加減ひとつで決められる」と懸念を表明。「出版社をはじめとするすべてのメディアは法規制の対象外とすべし」と訴えた。

「報道」か否か内閣府が判断

法案は第四〇条で、政府が違反の疑いのある個人情報取扱事業者から報告を求めたり、勧告・命令を行なうに当たっては、表現の自由に配慮する義務を課している。だが報道目的を除く言論・表現活動は義務規定の除外対象としていないため、政府が言論・表現の自由を侵害する恐れが指摘されている。

〈政府の見解〉

配慮義務の重みについて、藤井室長は「政府が関与しないことを意味する非常に強いものだ。配慮するよう努めなければならないとなれば、独裁政治の道を歩むかもしれない」と努力規定との違いを強調した。その上で▽文学・文芸作品は除外対象とはならないが、配慮の対象にはなる▽評論活動も一部が事実を含んでいれば「報道」に含まれ除外される▽伝記小説や歴史上の人物を取り上げた小説は配慮対象に当たる――と説明した。また、藤井室長は討論会で「報道かどうかは、最終的には内閣府が判断することになる」と明言した。

〈作家の意見〉

これに対して、作家・評論家らからは、執筆活動への悪影響の懸念が強く表明された。ノンフィクション作家、吉岡忍さんは「配慮しているかどうかを誰が公正に判断するのか。信用しろというのが無理な話だ」と批判する。

◇　◇　◇

**原案では政府に「立ち入り検査権」も**

これまで見てきたように法案はさまざまな問題点を抱えていることが分かった。

それでは、水面下で進められた法案が閣議決定されるまでにはどんな曲折があったのかを次にみてみたい。

二〇〇一年二月上旬。既に一部の省庁との間では協議が始まり、個人情報保護法案の「原案」は、ようやくできつつあった。

その原案が二月一六日付毎日新聞朝刊で明らかになった。

これまで、政府は「基本法制」という表現をしてきたが法案の正式名称は「個人情報の保護に関する法律案」。「基本」の文言が消え、具体的に民間分野を規制するより一般法に近いその内容から名付けられた、とみられる。

この原案から明らかになった大きな点に、政府の強い監督権限がある。

政府が認定することになる民間業界の自主的な「認定個人情報保護団体」に対して、政府に強力な「立ち入り検査権」を与えたのだ。

政府は「通常の法令では、政府の認定行為に対してこうした検査権を持つものだ」として盛り込んだという。具体的には次のように規定している。

第五章　個人情報取扱事業者の義務等
第二節　民間団体による個人情報の保護の推進

（報告の徴収等）

第五〇条　主務大臣は、この節の規定の施行に必要な限度において、認定個人情報保護団体に対し、認定業務に関し報告をさせ、又その職員に、認定個人情報保護団体の事務所に立ち入り、業務の状況若しくは帳簿、書類その他の物件を検査させ、若しくは関係者に質問させることができる。

二　前項の規定により立入検査をする職員は、その身分を示す証明書を携帯し、関係者の請求があったときは、これを提示しなければならない。

三　第一項の規定による立ち入り検査の権限は、犯罪捜査のために認められたものと解釈してはならない。

立ち入り検査権は、裁判所の許可を必要とせずに、認定個人情報保護団体への政府職員による立ち入り調査を可能にしている。その強さは「立ち入り検査の権限は、犯罪捜査のために認められたものと解釈してはならない」とわざわざ定め、その乱用を主務大臣に戒めていることからも推量できよう。

民間分野に対する政府の権限は、政府の個人情報保護法制化専門委員会がまとめた「個人情報保護法制に関する大綱」（二〇〇〇年一〇月）でも「改善・中止命令」「助言若しくは改善の指示」などの表現にとどまっていた。

この立ち入り検査権は、二〇〇〇年六月に専門委がまとめた「中間整理」では「必要な調査を行なうことができる」とあった。これに対しては、メディア界などから「苦情処理を口実に政府の介入を招く恐れがある」との批判が出て、「大綱」ではこの表現は消えた経緯がある。

この立ち入り検査権はいわばその「復活版」とも言える。毎日新聞の報道をきっかけに与党内でも異論が出て、二月下旬にまとめた政府案では、早くも削られることになった。

その理由を政府はこう説明する。

「『個人情報をきちんと守ります』と言っている個人情報取扱事業者ほど厳しい政府の規制を受けることになるのはおかしいということになった」

「立ち入り検査権」条項の設定を検討していることが、新聞で表面化してからわずか二週間。政府の権限といういわば法案の柱の一つがあっさり消えてなくなってしまった。

## 宗教と政治活動には配慮

ところで、政府案作成の最終段階で浮上してきたのが、報道、学術とともに義務規定の除外対象となっている宗教、政治分野での除外範囲の拡大条項の追加だ。

自民党内閣部会や、自民、公明、保守の与党三党のPT（プロジェクトチーム）「個人情報保護システム検討会」などでの与党審査が大詰めを迎えた三月中旬になってその条項が加わった。

当初案の第五五条は「宗教団体」が「宗教活動の用に供する目的」＝一項三号、「政治団体」が「政治活動の用に供する目的」＝一項四号＝について義務規定は適用しないとしていた。

これに宗教活動、政治活動のそれぞれに「これに付随する活動を含む」との文言が突然加わったのだ。

公明党の神崎武法代表は、二月一四日の会見で個人情報保護法案に関する「報道、表現の自由と人権について」の代表見解を発表。与党の中にあっても公明党では政府案に慎重な意見が大勢を占めていた。一方、自民党内からは、森喜朗前首相に厳しいメディアの論調を背景に、報道機関を義務規定の除外としている点に異論が噴出していた。このため、これらの文言の追加は与党に政府が配慮したとみられた。

しかし、個人情報保護担当室は、こうした見方を全面的に否定する。

その法的な観点からの解説は、こうだ。

宗教活動や政治活動は、「宗教法人法」や「政治資金規正法」でそれぞれ定義されている。宗教団体が行なう宗教活動は「宗教の教義をひろめ、儀式行事を行ない、及び信者を教化育成すること」。政治団体が行なう政治活動は「政治上の主義若しくは施策を推進し、支持し、若しくはこれに反対すること、又は特定の公職の候補を推薦し、支持し、若しくは反対すること」といった具合だ。

そうすると、他法令に定義規定があるため、義務規定の除外対象として想定している「宗教活動」「政治活動」の範囲が狭く裁判所に解釈される恐れがでてくる。このため、『これに付属する活動を含む』を確認的に規定」（政府関係者）することによって、宗教活動で言えば、霊園の経営や他宗派にわたる人々に対する葬儀の運営、政治活動では、ボーイスカウト活動など各種団体に対する支援のために取り扱われる個人情報も明確に除外することができるのだという。

一方、報道や学術研究についてはこの規定はない。「法令上、特段の定義を置かず一般的な概念として用いられてきているため確認規定を置く必要がない」といい、「立法趣旨として当初考えた（除外対象の）範囲のバランスが取れた」（個人情報保護担当室の小川登美夫副室長）と説明する。

しかし、逆に、報道、学術研究分野が狭く解釈される恐れはないのか。

同じ第五五条の中で、報道と学術研究に確認規定がないということは逆に「これに付随する活動を含まない」という反対解釈も成り立つ可能性もあるからだ。

こうした指摘を政府はどう考えているのか。実は政府も「反対解釈とされることには我々も不安に思っている」（藤井昭夫個人情報保護担当室長）と率直に認めるほどなのだ。

政府案にはさまざまな「工夫」が凝らされている。政府がだれを規制し、だれに配慮したいのか。経過を検証するとはっきり見えてくる。

## 「官」に甘く「民」に厳しく

政府案は、公的分野の個人情報保護を先送りしていることも問題点の一つだ。

八八年に制定された現行の「行政機関の保有する電子計算機処理に係る個人情報の保護に関する法律」（いわゆる行政機関個人情報保護法、八八年法）をめぐっては、次のような点が指摘されている。

対象を行政機関に限り、特殊法人、国会、裁判所が含まれていないこと、電子計算機処理情報に限られ、手書きなどのマニュアル処理情報が抜けていること、個人情報の中にあっても人種や政治的信条など、より保護の重要性が高い「センシティブ情報」に関する収集制限がないこと、個人情報ファイルの総務庁長官への事前通知と公示、ファイル簿への記載や閲覧に関する適用除外が多いこと、開示請求の対象となる個人情報も学校の成績、入試記録などの教育分野、診療記録などの医療分野、刑事記録など適用除外が多い――などである。

にもかかわらず、政府案ではわずかに第一一条で「政府は、国の行政機関について、その保有する個人情報の性質、当該個人情報を保有する目的等を勘案し、その保有する個人情報の適正な取扱いが確保されるよう法制上の措置その他必要な措置を講ずるものとする」（一項）。さらに、付則第七条で「政府は、この法律の公布後一年を目途として、第一一条第一項及び第二項に規定する法制上の措置を講ずるものとする」と述べられているに過ぎない。

要するに具体的には何一つ言っていないのだ。

しかも、第一一条に基づいて総務大臣の政務官は二〇〇一年四月一八日に「行政機関等個人情報保護法制研究会」（座長、茂串俊・元内閣法制局長官）を組織した。「研究会」は個人情報保護法制化の直接のきっかけとなった、「住民基本台帳ネットワークシステム」で取り扱われる個人情報の保護強化について早々と対象から外してしまった。

総務省が研究会の議論を二〇〇一年九月三日に取りまとめた「行政機関等個人情報保護法制の骨子（事業局素案）」によると、新たな個人情報の保護法制には、特殊法人や、独立行政法人、認可法人は含まれることになったが、公益法人は見送られた。

このため、改正住民基本台帳法の成立で二〇〇二年八月までに「住民基本台帳ネットワークシステム」が構築されるが、国民全員の個人情報を管理することになる総務省の外郭団体「財団法人・地方自治情報センター」（小林実理事長、東京都千代田区）は、抜け落ちてしまうことになった。そもそもは、改正住基法成立が個人情報保護法制定のきっかけではなかったのか。

警察官による個人情報の悪用が社会問題となる中、公的分野への規制には依然として甘く、政府は重い腰を上げる気配はない。

日本弁護士連合会（日弁連）は二〇〇一年二月二日に政府案の下敷きとなった「個人情報基本法制に関する大綱」に対する意見書を発表。

その中で公的部門より民間部門に対して細かな規制の網をかけようとしているのは問題だとし、「公的部門における個人情報保護のための具体的な措置は定めていない。重大な構造的欠陥だ」と指摘し、「住基法施行のための措置とは評価できない。個人情報保護法制としては不適切」と結論付け、改正住基法の施行延期にまで言及した。

日弁連の情報問題対策委員会幹事の牧野二郎弁護士は「日本の個人情報保護法制は『官』に甘く、

『民』に厳しいということになってしまう。まず公的分野の個人情報保護を整備すべきだ」と批判している。

## 「公権力に分断されるメディア」

ところで、個人情報保護法の危険性をメディアとして最初に警鐘を鳴らしたのは、日本新聞協会の月刊誌『新聞研究』だった。

同誌は、個人情報保護法制に詳しい堀部政夫・中央大学法学部教授（情報法）を交え、個人情報保護法と報道との問題点を考える研究グループ「個人情報保護と取材・報道研究会」を設置し、成果を九九年九月号から発表してきた。

そして法案ができたいま、同誌の赤尾光史・編集長はどう見ているのだろうか。

赤尾氏は、

「図式化していいのか分からないが、この法案をめぐるメディア界の対応を見て、つくづく感じることがある。それは、メディア界の中でも新聞界は旧態依然とした考え方に凝り固まっている、という印象があることだ。日本新聞協会を代表する立場にはないが、個人的な考えで言えば、二〇世紀末には、世界的にも東西の冷戦構造が崩壊し、国内的にも五五年体制が終わった。さまざまな分野で戦後の枠組みの見直しが進んでいる。この見直しはマスメディアにも及んで来ていることは間違いない。しかし、新聞界には（見直しが）理性的には分かっていても、変化を受け入れない体質というものがあるように思う」

と長い前置きをした上で、こう危惧する。

「個人情報保護法案の問題に引き寄せて考えてみたい。例えば、法案では第五五条の適用除外として『放送機関、新聞社、通信社その他の報道機関』と規定された。新聞界の一部には、この程度で『よし』とする見方もある、と聞く。しかし、これはジャーナリズムにとっては大問題だ。一方で、フリーライターや出版社、作家らの人たちは条文上明記されなかった。新聞や放送局は個人情報保護法案の問題について出版社や作家らと同じスタンスで反対運動をすることに余り乗り気ではないのではないか。そう疑われることが一番気になる。実にうまく、公権力に分断されてしまったのではないか。権力というものはやるときはやるもんだと、感心するくらいだ。政府の内閣官房の『方針』に見事に〝はまった〟という残念無念の思いがある。権力は、マスメディアの状況をつぶさによく見て熟知している。マスメディアは決して一枚岩ではないということを見抜いているのだ。この分断作戦がだれにとって利益のあることなのかをよく考えなければならない。それは明らかに公権力だ。コントロールしやすいように、四二（昭和一七）年に一県一紙原則とした新聞統合を思い起こさせる。決して好ましい状況ではないことを強調しておきたい。政府はメディア規制の『レール』を敷くことに成功しつつあるように思う」

法制化を急ぐ政府の動きに着いていけない新聞界に対して、メディア研究者の多くから新聞界は

「(メディアを含む官民を包括した個人情報保護法案の必要性を主張した) 社説の誤りを率直にわびた上で、軌道修正を図るべきだった」との批判を受けた。

しかし、現実には、さらに大きな過ちを犯しつつあるのかもしれない。

# Chapter 2
# 大綱と中間報告

個人情報保護法案は「個人情報保護基本法制に関する大綱」（大綱）を下敷きにつくられた。ほぼ同じ内容だと言ってよい大綱は、政府の高度情報通信社会推進本部＝座長・小渕恵三首相（当時）、一九九四年八月二日設置＝が二〇〇〇年一月二七日に設置した「個人情報保護法制化専門委員会」＝園部逸夫委員長（元最高裁判事）、二〇〇〇年一月二七日設置＝によって同年一〇月にまとめられた。個人情報保護法案の問題点は、その大綱に既に見いだすことができる。大綱はどのようなことを背景につくられたのか。ここでは、大綱が決定されるまでの経緯を探ってみたい。

## 改正住基法案審議で法制化が急浮上

個人情報保護法の制定は、中央省庁や各地方自治体などのコンピューターをオンラインで結ぶ「住民基本台帳ネットワークシステム（住基ネット）」を構築するための住民基本台帳法（住基法）の改正＝改正住基法、一九九九年八月一二日成立＝が直接のきっかけだ。

すべての国民に一一ケタの住民票コード（番号）を強制的に割り当て、住民票の写しの取得や転居の届け出などを全国どこでも可能にする行政サービスの向上と行政事務の効率化がその名目だ。改正住基法案は「国民総背番号制につながる」との懸念とともに、全国民の個人情報が一元的に管理されることから、万一、個人情報が流出した場合、その被害の規模が非常に大きいため反対する動きが広がった。

一方、改正住基法案が国会で審議された九九年春から夏にかけては、個人情報の漏えい事件が相次いだ。

まず、九九年五月に露呈したＮＴＴ職員による個人情報流出事件では、全国の電話番号案内データベースにアクセス権限を持つ職員が電話帳に公開していない加入者の個人情報約一七五〇件を不正に引き出し、約九〇万円で売った。これらの事件は明らかに情報を盗み出した行為だが、刑法の窃盗罪では検挙できなかった。形のある（有体物という）「モノ」を処罰の対象にした現行の刑法では、形のない「情報」の持ち出し行為は窃盗に当たらず適用できないのだ。

職員は、ＮＴＴ法違反（収賄）罪で起訴されたが、情報の漏えい行為そのものはいずれも違法とされなかった。さらに、同じ五月には、京都府宇治市で住民基本台帳データを基にした約二一万人分の市民の個人情報が持ち出され、インターネットで販売される事件が明るみに出た。その後も漏えい事件は後を絶たず、ＮＴＴドコモや東京デジタルホン（当時）、ＤＤＩポケット（同）など電気通信事業者などで次々に漏えいが発覚。民間分野も含めた個人情報の保護法制の整備を求める声を大きく押し上げた。

自民・自由・公明の与党三党（当時）は一九九九年六月四日、改正住基法成立への打開策として「三年以内に（個人情報保護の）法制化を図る」ことを確認。これを受けて同月二八日、小渕恵三首相（当時）の「民間部門をも対象とした個人情報保護に関する法整備を含めたシステムを速やかに整える」との参議院本会議での答弁を引き出し、法制化の合意をたてに、野党の強い反対を押し切って、改正住基法の成立にこぎつけた。

政府は、高度情報通信社会推進本部が一九九九年四月に決定していた「高度情報通信社会推進に向けた基本方針」（アクション・プラン）で決めた「九九年度中に推進本部の下に部会を作り個人情報保護の在り方を決める」とのスケジュールを早め、同年七月一四日に「個人情報保護検討部会」＝堀部政男座長（中央大学法学部教授）＝を設置し、個人情報保護法の整備を急ぐことになった。

## 当初は個別法整備を構想

ところで、アクション・プランの方向性は、高度情報通信社会推進本部の電子商取引等検討部会が一九九八年六月にまとめた報告書「電子商取引等の推進に向けた日本の取組み」で既に示されている。

そこでは、個人情報の保護について、どういう見解が示されたのだろうか？　ひとことで言えば、決して優先順位の高い政策課題ではなかった。

それによると、プライバシー保護は、電子商取引等推進に当たっての施策のうち、違法・有害コンテンツ対策、消費者保護、セキュリティー・犯罪対策、取引一般にかかわる制度、電子決済・電子マネー、知的財産権――など一一項目の個別論点のうちの一つに過ぎなかった。

一九九八年一一月九日に高度情報社会推進本部が決定した「高度情報通信社会推進に向けた基本方針」でも、「機密性が高く、かつ、漏えいの場合の被害の大きい法規制等の公的関与が十分検討されるべきである」分野として「個人信用情報」や「医療情報」が例示されているにすぎない。

この段階までの政府の立場は、セグメント方式と呼ばれる米国などが採用している必要な分野について個別に法的な整備を図る制度に近かった。

個人情報保護法案のような欧州連合（ＥＵ）各国が採用している官民の両分野を包括的に保護する仕組み（オムニバス方式）ではなく、官と民のそれぞれの分野で別々に保護する（セクトラル方式）のでもなかった。

この方針は、先のアクション・プランでも踏襲された。

この流れが大きく変わり官民両分野を包括した法制定に方針が傾き始めるのが、住民基本台帳法の改正だ。

こうした経緯があることも個人情報保護法案ができるまでのポイントとして押さえておく必要が

ある。

## 変質する個人情報保護法の「狙い」

もともとは住民基本台帳情報など政府や地方自治体の所有する個人情報の保護を図る狙いで議論が始まった、個人情報保護の法制化作業。政府もアクション・プランの段階ではむしろ電子商取引（EC）普及のため、いかに民間分野での個人情報を保護しながら流通を図るかという点に重点を置いた議論をしていた。それが、検討部会での議論のスタートとともに政治の思惑が絡み始め、別の色彩を帯び始めた。

「メディア規制」がそれだ。

先に述べたように、政府は一九九九年七月、高度情報通信社会推進本部の下に「個人情報保護検討部会」を設けた。

検討部会の委員は、礒山隆夫・東京海上火災保険顧問（経済団体連合会情報化部会長）▽浦川道太郎・早稲田大学法学部教授（早稲田大学図書館長）▽大橋有弘・明星大学人文学部教授▽大山永昭・東京工業大学教授▽岡村正・東芝取締役上席常務▽開原成允・国立大蔵病院病院長▽加藤真代・主婦連合会副会長▽鈴木文雄・東海銀行専務取締役▽須藤修・東京大学社会情報研究所教授▽西垣良三・第一生命保険専務取締役▽原早苗・消費科学連合会事務局次長▽堀部政男・中央大学法学部教

授＝座長▽三宅弘弁護士▽安冨潔慶応大学法学部教授（肩書きはいずれも当時）。

同検討部会は同年一一月に個人情報保護法制化専門委員会に対して「基本法」制定を求める「中間報告」をまとめている。この中間報告をまとめるに当たり、関係業界へのヒアリングを実施することになった。日本新聞協会や日本民間放送連盟（民放連）、日本放送協会（ＮＨＫ）などメディア各団体からも同年一〇月に行なうことにした。

講談社や新潮社などの出版社が加盟する日本雑誌協会（角川歴彦理事長。加盟八九社、二〇〇一年五月現在）もその一つだ。

「それ」は、その要請に当たって早くも起きた。

日本雑誌協会の勝見亮助事務局長（現・専務理事）によると、検討部会の事務局となっている内閣内政審議室の担当者はヒアリングの出席要請に当たり、法律ができることでメディアはどうなるのかについて、次のように説明してきた、という。

取材をする際には、①本人の同意が前提、②事件、事故などでの周辺取材では、それぞれの個人から同意を得る必要がある、③いかなる場面においても実名は基本的に本人の了解が必要――だ、というのだ。

勝見事務局長は「明らかにメディア規制を意図した脅しではないかと思った」と受け止めた、という。

実は、このとき、日本雑誌協会を訪ねたのは、Ｃｈａｐｔｅｒ1の冒頭で登場した二人のうちの

日本新聞協会などメディア関係団体から個人情報保護法制についてヒアリングする政府の個人情報保護検討部会＝99年10月6日、総理府（現内閣府）で

一人だ。

ある政府関係者は法案化に当たりこう言っていた。

「政治家が問題にしているのは週刊誌。特に写真週刊誌をどうにかしろと言っている」

永田町の国会議員にしてみれば、二〇〇〇年一〇月に政治問題化した中川秀直官房長官（当時）のスキャンダルに限らず週刊誌は、うるさい存在だ。

政府がメディア関係団体にヒアリングへの出席を求めた一九九九年八月に、自民党は党内組織の「報道と人権の在り方に関する検討会」と「選挙報道に係る公職選挙法の在り方に関する委員会」が相次いで報告書をまとめている。その中でメディア規制を明確に打ち出した時期でもあった。

事実、検討部会の有力委員はこう明かす。

「与党の議員らから、マスコミのプライバシー侵害をどうにか法律で規制できないかと持ちかけられた。雑誌だけでなく（芸能人のプライバシーを取り上げる）民放のワイドショー番組の在り方にも大きく影響が出てくるだろう」

個人情報の保護を口実に、メディアの手足を縛ろうとする政府・自民党の思惑が透けて見えるようではないか。

### 基本原則の適用除外を指示

検討部会一五回の議論の結果、「中間報告」をまとめる。どんな内容なのかを見てみたい。

正式名称は、「我が国における個人情報保護システムの在り方について」。一九九九年一一月一九日に公表された。〝中間〟といっても最終報告があるわけではない。

中間報告は「全分野を包括する基本法を制定することが必要である」として「基本法」の制定を求めた。経済協力開発機構（ＯＥＣＤ）が一九八〇年に定めた「ＯＥＣＤ八原則」を独自に集約した五つの「確立すべき原則」として基本法に、個人情報の収集、個人情報の利用、個人情報の管理、本人情報の開示、管理責任及び苦情処理――などに関する基本原則を盛り込むべきだと明記した。

そして、基本法を上位法に、公的部門は現行の「行政機関の保有する電子計算機処理に係る個人情報の保護に関する法律」（行政機関個人情報保護法）、民間部門は、保護の要請が高い分野について個別法。その他は自主規制で対応する三層構造のシステムを構想した。

個別法の法的整備が必要な分野として、信用情報分野、医療情報分野、電気通信分野を挙げた。また、個別法のない分野に対する基本原則の適用については、「基本原則のそれぞれについて具体的にどのような支障が生じるかを検証した上で、憲法上の考え方を踏まえつつ、それぞれの分野における個人情報の利用の程度と保護の現状のバランスをも考慮しながら、各原則の適用除外の要否等について、法制的に検討する必要がある」と指摘し、その分野として報道・出版（第二一条・言論、出版その他一切の表現の自由）と、学術・研究（第二三条・学問の自由）――などを例示した。

これまで見てきたように、政府案では、義務規定の除外対象は「放送機関、新聞社、通信社その他の報道機関」で「報道の用に供する目的」とあるだけで、雑誌・書籍の発行を主体とする出版社や、作家、フリーのジャーナリストの活動は明確に位置づけられていなかった。

しかし、中間報告では、そもそも基本原則をこうした分野に対してどう除外すべきかの議論を委ねたはずだったのだ。

この「出版」の意味について、検討部会の有力委員は「出版は出版社を含む非常に広い概念を示した。憲法二一条を念頭に置いた表現の自由の一形態と位置づけた」と中間報告の趣旨を明かす。

ところが、個人情報保護法制化専門委員会を経て個人情報保護法案に至ると、「出版」の文言は消えた上、報道機関の保有する報道目的の個人情報に限定されてしまった。しかも、基本原則は全面適用となり義務規定に関してのみ除外となったのは既に述べた通りだ。

政府は個人情報保護法案に関する北川れん子氏の質問主意書（二〇〇一年六月二五日付）に対する再答弁書（二〇〇一年七月二三日付）の中でこう説明している。

「一般に出版社が行なう事業は文芸その他の広範な出版活動を含む。出版社を報道機関の典型例として位置づけることは適当とは言い難い」

報道の範囲を出来る限り、狭くしたいという政府の姿勢は一貫している。

一方、中間報告は罰則については、「基本原則等に反したことのみをもって制裁措置を加えることは慎重に考えざるを得ない。困難だ」として、悪質なケースを含めて提言を見送った。このため、個人情報が流出した場合の被害救済など、基本原則の実効性を担保するための仕組みとして、事業者、民間における紛争処理機関、国や自治体における苦情処理相談窓口など「複層的な救済システム」の構築を求めた。

また、個人情報を扱う事業者の事前登録・届け出制度の創設や、ＥＵ（欧州連合）で導入されている「データ保護庁」のような監督機関については「行政改革の流れに反する。適切ではない」と結論付けている。

中間報告に対して、政府の内閣内政審議室に寄せられた国民の意見は、五七件。内訳は、個人二七件、企業・法人など団体が三〇件。行政機関を対象にした現行の「行政機関の保有する電子計算機処理に係る個人情報の保護に関する法律」(行政機関個人情報保護法)の改正を求める意見が目立った。

東京都内のある区のシステム担当者が個人の立場で提出した意見は、総務省(旧自治等)が進める「住民基本台帳ネットワークシステム」(住基ネット)導入に関する保護問題に言及。「(現行法は国民が個人情報に対する)コントロール権を保障されていない」とし、「改正住基法の成立を考えれば(現行法の)改正が急務」としたうえで、「中間報告では、『国に個人情報が集中されていくのではないか=国民総背番号制につながるのではないか』との危惧を払拭できる個人情報保護法が作れるのか、不安だ」と率直に述べている。

## 独自の動きを示す専門委員会

官公庁の仕事始め早々の二〇〇〇年一月五日。

内閣官房の内閣内政審議室に新たに個人情報保護担当室が設置された。担当室は、政府の個人情報保護検討部会が前年一一月にまとめた「我が国における個人情報保護システムの在り方について(中間報告)」の提言を受け、法制化作業を担当する事務部門として新設が決まった。総務庁のほか、通産、自治、文部、法務、厚生など関係六省庁から約一〇人が集められた。

中間報告をまとめた堀部氏は「行政改革の中で一〇人のスタッフを集めるのは容易ではない。それだけ、政府が法案づくりに力を入れている証拠だ」と評価した。

政府は一月二七日に、高度情報通信社会推進本部の下に設置した「個人情報保護法制化専門委員会」メンバーを発表。中間報告が提起した多くの論点についての議論を整理し、法制的な観点からの判断と細部の検討が専門委員会にゆだねられた。

罰則を盛るかどうかや、報道分野への適用など憲法に照らした議論が必要となる適用除外規定。そして、「個人情報とは何か」の定義などがその主な論点だった。

当然、この中間報告を受けた形で、専門委では、より専門的な議論を進めるとみられていた。

そして、一部の検討部会委員は、引き続き専門委に入るとみられた。

事実、複数の検討部会委員は「当初は、内閣内政審議室から内々に（専門委員就任の）打診があった」と証言する。

ところが、現実にはそうならなかった。

藤井〈昭夫個人情報保護担当室長〉委員会——。専門委の顔ぶれをみて、政府のある関係者は、こう名付けた。ふたを開けてみると、藤井氏が指揮した情報公開法案（二〇〇一年四月施行）の作成にかかわった旧知の委員を中心に構成されていた。

その顔ぶれは、上谷清弁護士（元大阪高等裁判所長官）▽小早川光郎・東京大学法学部教授（委員長代理）＝「大綱」起草委員長▽園部逸夫・立命館大学大学院客員教授（元最高裁判所判事）＝専門委員長▽高芝利仁弁護士＝起草委員▽高橋和之・東京大学法学部教授▽遠山敦子・国立西洋美術館

「中間整理」を発表する個人情報保護法制化専門委員会の園部逸夫・委員長（左）、右は小早川光郎委員長代理＝2000年6月2日、東京・永田町の総理府（現内閣府）で

長（前駐トルコ共和国大使）▽新美育文・明治大学法学部教授＝起草委員▽西谷剛・横浜国立大学大学院国際社会科学研究科教授▽藤原静雄・國學院大学法学部教授＝起草委員▽堀部政男・個人情報保護検討部会長、常時出席＝起草委員にも＝（いずれも肩書きは当時）。

政府のある関係者は「藤井室長の個人的な知り合いで固めた、という印象だ。メンバー総入れ替えは、基本法法制化の段階で、中間報告に議論を引っ張られたくなかったためらしい。最高裁判事の経歴を持つ園部氏を委員長に起用したのも、堀部座長に名前負けしないためだ」との見方を示した。

検討部会の有力委員は「専門委のメンバーは、個人情報保護法についてよく知っている布陣とは決して言えない」と指摘、専門委の「専門性」に疑問すら投げかけている。どういう意図なのか。藤井氏にこの点をぶつけてみると意外に自分を中心に人選を進めたことをあっさり認めた。「委員の人選は、いろいろな人に相談した。関係する各分野の専門家がいてバランスのいい人選だったと思う。ふさわしい人に来てもらった」

こうした動きに、関係者からは「政府は、中間報告の内容を後退させる狙いではないか」との懸念が早くも出始める。案の定、政府は、専門委員会を検討部会と同格に位置付け、改めて関係省庁や団体などからのヒアリングを独自に実施する方針を明らかにするなど独立性を高める動きを示し始めたのだ。

そもそも専門委は、当初構想では個人情報保護検討部会の下部機関と受け止められていた。また、専門委が関係機関に行なったヒアリングでも、中間報告で専門委設置を求めた当の検討部会委員が、関係機関代表として意見を述べるという奇妙な現象まで起きている。ある委員は「我々が作ったはずの専門委に呼ばれて意見を述べるというのもおかしな話だ。専門委は中間報告を離れ、一体どこに向かおうとしているのか」と不信感を募らせた。

苛立った検討部会委員五人は、この時期、検討部会の堀部座長に対して、検討部会の早期開催を要請、専門委に審議経過を説明させることを求める一幕もあった。

ところが、実際に検討部会が開かれたのは専門委が方針を固め、「大綱案」（中間整理）を公表（二〇〇〇年六月二日）した後の同月九日。堀部座長はこの点に関し、「もっと早い時期に会議を開かなかったことをおわびします」と謝罪を表明したのだが……。

なぜ、座長を含め委員全員が専門委で総入れ替えとなったのか。政府の高度情報通信社会推進本部の下で検討部会と並立させ、同格としたのか——疑問は多い。

そして何より、検討部会とは違って審議の傍聴が許可されずに「非公開」となったのだ。

政府側は、「議事要旨を公開するうえ、委員会後には原則として委員長がブリーフィングを行なうので公開はしている」との立場。委員会の傍聴を求めるメディア側の要求を受け入れなかった（その後傍聴は、専門委の基本方針が固まった六月になってやっと許可されることになる）。

これに対して、藤井氏はこう説明する。

「議事をオープンにするかは委員の判断。しかし、だれがどう言ったというのをマスコミはすぐに取りざたするから困る。私は、検討部会の中間報告にはこだわっていない。（検討部会と専門委が）それぞれの立場から（法律要綱を）共同で作ればいい。検討部会と専門委を融合するようにしている」

藤井氏は、専門委での議論をどの方向へ導こうと意図していたのだろうか。

## 中間報告を無視し「議論は白紙状態」

政府のある関係者は、一連の動きをこう解説してみせた。

行政機関が収集し、保有する個人情報について、国民に対して開示や訂正、利用の停止などの権利を与えることは、行政側にとっては不都合なことで、なるべく既存法令の見直しには触れられたくない、というのが本音のようだ。

そうした議論にメディアの関心を向けられたくない、という思惑が政府側にあるというのだ。

現行の行政機関個人情報保護法は、医療・教育情報を開示請求の対象外にするほか、特殊法人や独立行政法人、認可法人などはそもそも全体がその対象ではないなど「欠陥」が指摘されている。

民間分野の規制を図る前に、公的部門での保護強化を優先的に図ることを求める声は大きい。

だが行政機関個人情報保護法の改正で、行政機関が個人情報をより厳格に取り扱うようになることを嫌う意見が政府内にあり、藤井氏はその意を受けているとの見方さえある。

政府のある関係者は藤井氏の考えを代弁して言った。

「国の行政機関で個人情報の漏えいが問題になったことはない。警察官らによる個人情報の漏えいは、個人情報保護法の問題ではなく、国家公務員法の守秘義務違反の問題だ」

その一方で、藤井氏は民間分野への強い規制法の制定に意欲的だったらしい。

関係者は明かす。

「藤井氏は当初、国を対象にした現行の個人情報保護法と同程度に厳しい法律を民間分野にもつくろうと考えていたようだ」

民間分野は、基本原則と、医療・信用情報・電気通信など保護の重要性が高い分野を個別法で規制する枠組みを描いていた中間報告とはまるで異なる法制度を当初から構想していた可能性は極めて高い。「官」に甘く「民」に辛い個人情報保護基本法制――。こんな見方が関係者には浮上する。藤井氏の意向を反映してか、専門委員会の有力委員は「（現行の行政機関）個人情報保護法改正論議は、委員会の議題ではない」と言い切る。さらに中間報告で、表現の自由に配慮する観点から、基本原則の適用の要否として例示された報道・出版分野については、既に二〇〇〇年三月の段階で藤井氏は「（専門委の議論に当たって）今は、白紙の状態」と取材に対して、述べていた。

専門委のスタートで全くリセットしてしまった中間報告を何のために五カ月間にわたって検討してきたのだろうか。

## 不十分な専門委の議論

ある政府関係者は、専門委による報道機関へのヒアリングがあった二〇〇〇年三月、専門委の議論の展開をこう予想した。

「専門委員会は、報道機関の適用除外については最終場面まで絶対に議論しませんよ。適用除外が決まれば、メディアは矛先を政府に向け、行政機関に厳しい法律にすべきだ、と主張するでしょうからね」

そして、この関係者の予想は見事に的中する。専門委は二月に初会合を開き、九月まで計二七回の会合を重ねながら、適用除外の検討は九月に入ってからだ。園部委員長は、九月二九日の実質的に最後となる会合で「報道とは何かなど十分な議論ができていない。学問分野全体にわたってどういう影響が出るのかも分からない。宗教については何も議論できていない。さらに、政党・政治の問題もある。（これらの分野は）法制化の段階で具体化されることになる」と議論不足を率直に認めた。

事実、報道分野への基本原則の適用をめぐってさえ、一部の委員からは、表現・報道の自由に配慮し、部分適用を主張する根強い意見があり、議論は未消化だった。

例えば、二〇〇〇年九月一四日の専門委では、西谷剛委員が、報道分野を適用除外する必要がある項目は、基本原則のうち、「利用目的による制限」や「透明性の確保」の二項目と、民間事業者の義務などを定めた「個人情報取扱事業者の義務等」の全項目である、と主張した。

また、「大綱」素案の起草責任者、小早川光郎・委員長代理や、上谷清委員も一部基本原則を報道の制約に結びつかないような表現に修正すべきとの見解を示している。

既に説明したが、「利用目的による制限」は、本人の同意を要するとともに、第三者からの収集を制限する内容であり、「透明性の確保」は、開示・訂正請求や利用の停止請求と言った本人の関与を規定したものだ。この二つを報道分野に適用することは、悪影響を与える恐れがあり、五項目の基本原則の中でも特に除外すべき原則だというわけだ。

委員からは「『透明性の確保』については、公益に反しない限りとかという言葉を入れて、例外をここで付けておくのはどうか」（小早川委員）といった意見も出た。

これに対して、大綱の枠組みそのものに疑問を投げかけたのが堀部政男・個人情報保護検討部会座長である。堀部氏は「委員ではないが、中間報告をまとめた検討部会の座長として常時出席を求められた微妙な立場」（堀部氏）ではあるが、発言権はある。

堀部氏は「中間報告が示した基本法制は、教育基本法などのように『政策声明』的な内容を意識していた」という。「法律の専門家に議論を任せると一般法に近くなる傾向があるといえる」という、九月二二日の専門委で大綱素案に問題提起する形で「堀部試案」を提出した。素案の構成を根本から見直すもので、基本原則「個人情報取扱事業者」に対しても「責務」を記すのみ。一部の重要な分野を除き「義務等」などは課さない自主規制を重視した内容だ。

堀部氏が提出した試案は次の通りだ。

個人情報保護基本法制の構成等について

（1）目的

（2）定義

（3）国際協調＝協力

（4）国の責務

・法律の目的にのっとり、個人情報保護に関する基本的・総合的な施策を策定・実施する。

（5）事業者の責務

・個人情報保護の重要性の認識

・自主的な取り組みの推進
・苦情処理
(6) 国民の責務
(7) 個人情報取り扱い事業者の義務等
(8) 政府の措置及び施策
(9) 地方公共団体の措置
(10) 罰則
(11) 個人情報保護審議会

堀部氏は「基本法はできるだけ理念とか基本原則を中心に考えていた。これはメディア側からも強い要請があった。やはり、個人にまで素案が示した基本原則を適用するとなると、携帯電話に登録された電話番号や住所録にまで本人の関与を認めるという〈過剰規制の〉恐れも出てきてしまう。だから、国民や事業者の一般的な義務を定めるにとどめ、基本原則は必要ないだろうということでなくした。一般の国民やメディアなどが最も制約を受けない方法だ」と試案に自信を示していた。

しかし、試案は採用されない。

というより「なぜ、起草グループのメンバーでもある堀部氏がこんな時期に試案を出すのか分からない」(政府・個人情報保護担当室)と、事務方の評判は良くなかった。試案は配布されたのみで、残念ながら本格的に検討されることはなく、あっさりと退けられてしまった。

最終的に「大綱」は、「報道分野に対しても基本原則を適用」でまとまる。しかし、いかにたくさんの異論を抑えた中での「一致」であったかがよく分かるエピソードだと言えまいか。

ところで、委員の意見を反映し、大綱の最終案には基本原則の内容を解説する「なお書き」として次のような文言が新たに加わった。先に説明したがすべての基本原則を報道分野に適用することについて委員から出た異論に配慮してだ。

「なお、個人情報の保護に当たって個人情報の有用性に配慮することとしている本基本法制の目的の趣旨に照らし、個々の基本原則は、公益上必要な活動や正当な事業活動等を制限するものではない。基本原則実現のための具体的な方法は、取扱者の自主的な取組によるべきものである。この趣旨は、報道分野における取材活動に伴う個人情報の取扱い等に関しても同様である」。一部のメディア関係者の中には、この「なお書き」が追加されたことで基本原則の適用除外に一歩近づいたとして、〝評価〟する声もあった。

しかし、どういうわけか政府案ではこの表現は、盛られなかった。

この点に関して法案を審査する衆院内閣委理事の北川れん子氏（社民党）が政府に質問主意書（二〇〇一年五月五日付）を提出して見解をただしている。

政府は、答弁書（二〇〇一年六月五日付）で「法律の目的について規定した法案第一条及び基本原則の性格について規定した法案第三条に盛り込まれている」とだけ述べ、正面から答弁しなかった。

その第三条とは「個人情報が個人の人格尊重の理念の下に慎重に取り扱われるべきものであることにかんがみ、個人情報を取り扱う者は、次条から第八条までに規定する基本原則にのっとり、個人情報の適正な取り扱いに努めなければならない」。第一条〈目的〉で「個人情報の有用性に配慮しつつ」とあるだけだ。

一体、どうして「盛り込まれている」と読めるのだろうか。

大綱が発表された二〇〇〇年一〇月当時、政府関係者は「法案で『なお書き』を盛り込むことはできない。法令解釈集を作る段階で盛り込むことになるだろう」と言っていたが、いまのところ出来ていない。どう、法律が運用されることになるのか、なお不明だ。

いずれにしろ専門委員会は、憲法上の権利との調整を有する分野の除外など検討部会から引き継いだ重要な課題を今度は政府に委ねてしまったのだ。

「大綱」は、「国の行政機関の保有する個人情報に関しては、その情報の性質、保有目的等を勘案し、適正かつ的確な保護が図られるよう、基本法制の趣旨にのっとり、別に法制上の措置を講ずるものとすること」と言及するにとどまり、罰則を含む民間の個人情報取扱事業者に詳細な義務規定を課した民間分野とは好対照な基本法制を求める内容となったのだ。

専門委は、まさしく政府の思惑通りに進めた「藤井委員会」が実態だったと言ったら、言い過ぎだろうか。

## 大綱の決定

二〇〇〇年一〇月一一日夕の首相官邸。

専門委は、二八回目となる最後の会合を開いた。全委員一致で「大綱案」を承認。その後、園部委員長は、森喜朗首相（当時）に大綱決定を報告し、記者会見に臨んだ。

会見の冒頭、園部委員長は用意した「談話」を一気に読み上げた。

「報道の自由に関する個人情報の取り扱いが大きな論点となりましたが、取材活動に関しましても有用な個人情報の利用である以上、法律上保護されるべきことは言うまでもありません。問題は、これまでの我が国の歴史、経験を踏まえれば、報道の自由の表われとしての活動に、行政が事前に直接介入することについては慎重であるべきということであります」

メディア界から表現・報道の自由の規制を招くとして大綱への懸念が高まっていることを意識してか、談話は報道規制の意図を否定する内容を盛り込んでいた。

談話発表後の質疑応答で、報道側からの質問は予想通り、「政府・与党は、メディア規制を意図した内容に個人情報保護法案をつくろうとしているのではないか」という点に集中した。

園部委員長は全面的に否定した。

「表現の自由や学問の自由、宗教など憲法上の自由が侵害されるような法律が作られたり、そうした法律が運用されたりするようなことはない。法律をもって規制する趣旨は、私も委員のみなさんも念頭にない。（そう思われるのは）はなはだ心外だ」

委員長の記者会見のやりとりを会見室の一角で眺めていた政府のある関係者は、委員長の発言をこう解説してみせた。

「委員長は、発言した通りに思っているのは確かだ。（政府から見ても）世界に誇れる内容の大綱になっているとは思う。ただし、永田町が変な動きさえしなければ、の話だ。法案化の段階で何が起きるかは分からない」

個人情報保護に詳しいある自民党議員はこの日、大綱をみて言った。

「一部の週刊誌のプライバシー侵害は目に余る。苦情処理に関して、メディアへの政府の関与を認めないのはいかがなものか」

まるで、これから作られる法案がメディア規制を果たすことを期待するかのような口ぶりだった。

「大綱」の規定を受け、政府の情報通信技術（ＩＴ）戦略本部は二〇〇〇年一〇月一三日、「『大綱』を最大限尊重し、次期通常国会を目指し、立案作業を進める」ことを正式に決定。内閣官房の個人情報保護担当室が中心となって政府案が練られることになった。政府は二〇〇一年三月二七日、個人情報保護法案を閣議決定し、第一五一回国会に提出した。

# Chapter 3

# メディア界に広がる危機感

### 新聞・放送三一四社が共同声明

二〇〇〇年八月四日夕。真夏の日差しが厳しかった首相官邸は、いつもと異なる雰囲気に包まれていた。

通常は、首相をはじめ政府要人らを取材する官邸担当記者もこの日に限っては、同じ業界関係者がその対象となったからだ。

官邸を訪れたのは、日本新聞協会編集委員会の橋本達明代表幹事（毎日新聞東京本社編集局長）、民放連報道委員会の石川一彦委員長（福岡放送社長）、ＮＨＫの井手上伸一報道局長のメディア関係団体を代表する三人。

彼らの手には、新聞社、放送局三一四社による「共同声明文」が携えられていた。

三人に応対したのは、中川秀直官房長官（当時）。メディア側は、当時策定中だった大綱への懸念を表明するとともに、「法制化にあたっては表現の自由への配慮が不可欠。報道に関する個人情報は、基本法の適用の対象外とすべきだ」とする声明文を読み上げ、手渡した。

中川長官は、元日本経済新聞記者。

メディア側の三人のうち一人は、かつて官邸内で取材合戦にしのぎを削ったライバル関係にあった。

しかし、いわば「身内」とも言える長官の回答は「現在、学者による専門委員会で検討をしてもらっており、（その動きを）注視していきたい」と短く、素っ気ない内容だった。

立場や思惑の違いから足並みのそろわないことが多い日本のメディア界だが、今回の共同声明は、初めて統一した意思を政府に示したという意味で戦後のメディア史の中でも画期的な出来事だった。メディア側は大きな危機感を持って臨んだが、わずか一五分程度で終わった「歴史的」なセレモニーも、政府側の冷ややかな反応に肩透かしを食った格好となった。

中川長官は二〇〇〇年一〇月一二日、大綱について「報道分野は自主的な取り組み。取材活動の支障にならない」との見解を示したうえで「（法制化にあたり）具体的な（報道の）分野で行政の介入は避けるべきだ」と述べ、報道に大綱への理解を求めたのだが……。

皮肉なことに中川長官はこの時、自身も女性スキャンダルに見舞われていた。

二〇〇〇年一一月二日付「毎日新聞」朝刊は、法案づくりに対する自民党内の厳しいメディア批判をこう伝えている。

「報道分野の個人情報を法の対象外」とすることを求めた新聞、放送局など報道314社の共同声明文を毎日新聞東京本社の橋本達明編集局長（右から２人目）から受け取る中川秀直官房長官（左）＝2000年８月４日、総理官邸で

「『愛人との電話テープ』の公開など中川秀直前官房長官の一連のスキャンダル報道に対し、自民党で批判が出ているが、こうした動きが、政府が準備している『個人情報保護基本法案』（仮称）の論議にも影響を及ぼし始めた。自民党が一日開いた『報道と人権に関する検討会』（谷川和穂座長）では、一連のスキャンダル報道に対する批判が続出した。同委員会は、電波メディアに対する郵政省のように、新聞や雑誌など活字メディアに対しても『主務官庁』が指定できないか――などを検討する方針で、報道への政治介入を強める動きに拍車がかかっている」

これ以降、メディアと与党に挟まれた法案はメディア界の主張を退けながら政府の手で形づくられていく。

### 当初はメディアも危険性への認識薄く

「昨年の住基法（住民基本台帳法）改正のときに民間部門を対象にした個人情報保護法をつくれと（各社とも）社説で主張してきた。それがいま、ブーメラン効果でわが身に返ってきている。認識が薄かった」

朝日新聞社は二〇〇〇年四月二八日、「個人情報保護とメディア　表現の自由の観点から」をテーマにしたシンポジウムを東京で開催。司会を務めた鈴木規雄・朝日新聞東京本社編集局次長のあいさつは、このような反省の弁から始まった。

このあいさつの言葉は、一体どういう意味なのか。実は、メディア自身もその認識が当初は甘かった、との批判を受けざるを得ない。官民両分野を対象にした「個人情報保護法案」策定の動きをめぐっては、日本新聞協会や日本民間放送連盟（民放連）加盟社などメディア側も当初から一致して反対の姿勢を整えられたわけではないからだ。

繰り返しになるが、個人情報保護検討部会が設置された一九九九年七月のこの時期は、個人情報をコンピューターで一元管理する「住民基本台帳ネットワークシステム」（住基ネット）の導入を柱とした改正住民基本台帳法案をめぐって与野党の対決法案として激しい論戦が国会内外で展開されていた。

同じころ、京都府宇治市で約二一万人分の住民情報が外部に流出しインターネットで勝手に売買されるなど、法規制がない民間分野での個人情報の悪用が社会問題化していた。こうした事態を受け、新聞の多くは社説などで、個人情報の野放図な利用を規制するため、官民両分野を包括した個人情報保護法の必要性を訴えていた。

例えば、毎日新聞は一九九九年六月一日付社説「住民基本台帳法　個人情報保護法こそ急げ」で、「住民基本台帳法改正の前にまず、行政、団体、企業を含む包括的な個人情報保護法が議論されなければならない」と主張していた。

個人情報保護法制に詳しい堀部政男・中央大教授（情報法）は、こうした論調に危機感を持ち、新聞社などメディア関係者にこう助言した。「官民両分野を包括した個人情報保護法になると、対象にメディアも含まれることになり、表現・報道の自由を制約する恐れがある」。

朝日新聞の鈴木氏は、同じシンポでこうも述べている。

「堀部教授に指摘されて初めて認識した」

一九九九年一〇月六日に日本新聞協会加盟の毎日、朝日、読売、共同など七社は堀部氏が座長を務める政府の個人情報保護検討部会のヒアリングに出席。七社のうち六社は一致して、報道分野については、自主規制が望ましい、と主張。産経が公的部門と民間部門を包括した保護法の制定を独自に訴えるなど、協会自身も当初は一致した行動が取れなかった。

## フリーライター中心に反対運動活発化

出版社や作家らを中心とした反対運動は、毎日新聞社が入手した政府案全文をニュースサイト『毎日インタラクティブ』に三月二三日に掲載したことをきっかけに急速に広がった。明らかになった政府案には義務規定の適用除外規定に「放送機関、新聞社、通信社その他の報道機関」（第五五条）と書かれているのみで、〝出版〟や〝フリージャーナリスト〟の文言がなかったのだ。この時期、政府は法案概要の一部を与党などに示していたものの、全文は非公開。閣議決定までは公表しない方針を貫いていた。

二〇〇一年三月から六月にかけては、政府案の国会での審議をにらみながら国会外では毎週のようにどこかで個人情報保護法案に反対するシンポジウムや講演会が開かれ、反対運動は盛り上がりを見せた。まず、日本書籍出版協会が三月一三日に「個人情報保護法の法制化に関する意見」。翌一四日には日本雑誌協会が「『個人情報の保護に関する法律案』に対する意見書」を発表した。

続いて、日本ペンクラブは三月一五日、「『個人情報保護法案』の問題点を指摘する緊急声明」を発表し、「言論表現活動に確実に支障が生じる問題点が残されている」と懸念を表明した。

四月一一日には日本ペンクラブ副会長の三好徹氏、猪瀬直樹氏、森村誠一氏、江川紹子氏、角川歴彦・角川書店社長、白石勝・文藝春秋社社長ら一二人が記者会見を開き、「主務大臣が直接関与する義務規定が、小説など作家の活動にも及ぶ」と危惧を表明。「表現の自由を侵害する恐れがある」として、表現の自由に関する分野を法の対象外とすることを求める共同アピールを発表した。

森村氏は「戦前・戦時中の治安維持法や、(八〇年代に検討された)スパイ防止法案などの胡散臭さを感じる」と述べた。

一方、江川氏はオウム真理教(アレフに改称)の取材経験を例に挙げ、「オウムがまだ知られていなかった一〇年前に出版した本で、オウムが最も反応を示したのは教祖が宗教儀式と称して(信者に対して)性行為をしていたことだ」と述べ、個人情報保護法違反を盾に取材がやりにくくなる可能性を指摘。「貴重な(ジャーナリストの)仕事がつぶされていくことは多くの国民にとってもマイナスだ。法律が成立しないことを願う」と訴えた。

六月二一日までに猪瀬氏らが呼びかけた共同アピールの賛同者は二〇〇〇人を超え、小泉純一郎首相や法案を審議する衆参両院の内閣委員まで届けられた。

文藝春秋社や角川書店など出版一六社は、朝日(五月二九日付)、毎日、産経(五月三〇日付)に、個人情報保護法案に反対する意見広告を掲載し、反対の意思を示している。

## 与野党議員も反対集会に

「個人情報保護法案は、雑誌メディアを封殺する意図があるのではないか。適用除外規定に出版、雑誌などの言葉はない。スキャンダルを暴いているジャーナリズムは、この法案が通ると成り立たなくなる。自分たちの首を絞めかねない危機感を持ってここに集まった」

五月二九日、東京・一ツ橋で開かれた反対集会「個人情報保護法『バスターズ』五・二九大集会」。週刊現代やフライデーの編集長を務めた講談社のニュースサイト『ウェブ現代』の元木昌彦編集長（当時）は、約三〇〇人を前に政府案の狙いをこう解説し廃案を訴えた。

集会には、公明党の高木陽介氏（国対副委員長）、社民党の北川れん子氏（内閣委理事）、元東京HIV訴訟原告団副代表で無所属の川田悦子氏（衆院厚生委員）、自民党の小野晋也氏（内閣委理事）ら与野党の国会議員も姿を見せていた。

ようやく与党側も反対意見に耳を傾け始めた。

主催は、「個人情報保護法拒否！・共同アピールの会」。

「共同アピールの会」は、佐野眞一氏、吉岡忍氏、吉田司氏や斎藤貴男氏、宮崎学氏、魚住昭氏といったノンフィクション作家やフリーライターらが参加し、四月一八日に立ち上げた。

斎藤氏は「出版社やフリーライターは義務規定でさえ、適用の除外が明記されていない。死活問題だ」と語気を強めた。

「共同アピールの会」は六月二〇日に改めて会見を開き、「（政府案は全国民の）個人情報を公権力が一元的、一方的に保有し、管理し、支配しようとしている」として、市民生活への悪影響を新たに指摘した「第二次アピール」を発表した。

個人情報保護法案の廃案に向けたアピール文を発表するノンフィクション作家の佐野眞一氏（中央）、吉岡忍氏（左端）、吉田司氏（右端）ら＝01年6月20日、東京・永田町の衆議院第二議員会館で

吉田司氏は「政府案は、商売目的であろうとなかろうと、すべての国民が主務大臣の監督下に置かれる危険性がある」と指摘。消費者運動を例に挙げ、「不買運動を主催する団体が参加者の名簿を本人に無断で第三者に提供した疑いがあるなどとして警察が名簿を押収するような事態にもなりかねない。法案は、政府による個人情報強奪法だ」と訴えた。

共同アピールの会のメンバーが中心となって二〇〇一年九月二日、東京・日比谷の野外音楽堂で、個人情報保護法案の廃止を求める「個人情報保護法案をぶっとばせ！　二〇〇一人集会」を開いた。ノンフィクション作家やフリー・ジャーナリスト、雑誌編集者ら約二六〇〇人が参加した。

集会では「雑誌はいままで何をやってきたか」▽「表現よ、限界へ向かえ」▽「小泉政治の何がいちばんダメなのか」など六テーマについて、約四〇人のパネリストが討議した。

集会の冒頭、ノンフィクション作家の佐野眞一さんが「聞こえのいい法案名に惑わされてはいけない。法案を阻止しなければ、将来の日本人から（我々が）〝そしり〟を受けることになる。個人情報保護法案とは何なのかを考えてほしい」と問題提起した。

報道被害者の立場からも、法案反対のメッセージが寄せられた。松本サリン事件で容疑者として誤報された河野義行さんは、「個人情報保護法案は文字だけみればもっともな内容だ。しかし、おかしいと思ったらおかしいという声を上げることが大事だと思う」と訴えた。

衆院議員の川田悦子さんは、新聞社や放送局が条文上は義務規定の適用除外となっている点を念頭に置き、「公権力は常に分断作戦を図る。ジャーナリストが試されている」と指摘。参院議員の福島瑞穂さんは「小泉さんは国民が味方だと思っている。最大のアキレス腱は支持率。国民が（法案反対を）言えば、これを突破する力はない」と述べ、国民の反対運動を広げる重要性を強調した。ジャーナリストの田原総一朗さんは「この集会は法案の廃案を求める第一歩だ」と総括した。

最後に「この法案の正体は、プライバシー保護の美名の下に、公人である政治家と官僚のスキャンダルまで報道禁止にできる政治家・役人情報保護法だ」との宣言文を採択し、約六時間にわたって法案の問題点を議論した大集会は閉会した。集会の実行委員会は、宣言採択を受け、衆参議長や各政党の代表者に、廃案を求める要望書を提出した。

約2600人が集まった個人情報保護法案の廃案を求める集会＝2001年9月2日、東京・日比谷野外音楽堂で

奇しくもこの九月二日というのは、八三年前の一九一八年には、東京では寺内正毅内閣が富山県の主婦の運動に端を発した「米騒動」に関する報道規制に対して、寺内内閣を弾劾する全国記者大会が開かれた。前月の大阪での記者大会では、その状況を「白虹日を貫けり」の文言で報じた「大阪朝日」が、発禁処分を受ける事件にまで発展した。早くも九月二一日には寺内内閣は崩壊するが、この反対集会が開かれた日は、二〇世紀のメディア史にあっては、大きな足跡を残した。

二一世紀最初の九月二日は、歴史にどう評価されるのか。今後のメディア界の取り組みは重要だ。

## Chapter 4

# 各政党の動きは？

### 野党も「対決法案」に位置づけ

二〇〇〇年末ごろまでは、与野党一致ですんなり成立してしまうと見られていた個人情報保護法案。メディア界の再三にわたる問題提起にもかかわらず、「個人情報保護法」の必要性を各党とも認めていたからだ。しかし、年が明け、実際に法律の内容が判明するにつれて、それまで総論では「個人情報保護法」に理解を示していた野党も危機感を抱き始めることになる。

主務大臣による過度な民間分野への関与と、表現・報道の自由に対する政府介入の恐れ——。

個人情報保護法案が委員会でも総理の出席を求めることが慣例となっている重要法案として取り扱われたことに、与党がいかに通したい法案であるかがうかがえよう。

重要法案として扱われる背景には「総理もでるのだから法案を通してほしい」という与党の思惑があるのだ。

二〇〇一年四月一一日、東京・永田町の議員会館で開かれた個人情報保護法案に反対する作家らによる会見場――

「個人情報保護法案は、連休明け国会の最大の争点になる。当初はこの種の法律は早くつくらないといけないと考えたが、こんな（報道・表現の自由を制約する）法律にできてしまうとは思ってもいなかった。これは絶対に反対であるという立場で臨まざるを得ない」

民主党の「プライバシー保護法ワーキングチーム（WT）」（日野市朗座長）の簗瀬進事務局長（参議院議員）も姿を見せ、政府案をこう批判した。

四月一〇日には表現・報道の自由を守る立場などから、野党議員六人の呼びかけで、同法案の問題点を検討する会合も議員会館で開かれた。民主、社民、共産の三党のほか無所属の衆参両院の議員計一八人が出席。今後、参加メンバーを中心にシンポジウムの開催や対案の検討などを申し合わせている。

野党議員も同法案に反対の意思を表明したのは初めてで、ようやく通常国会も後半にさしかかったところで、対決法案としての取り組みが野党の間で活発化していく。

民主党WTは四月一七日に「基本原則が適用されることで取材・報道活動に萎縮的効果が働くことが懸念される」との「中間報告」をまとめ、対案・修正案の作成に乗り出す。

中間報告は、基本原則が報道機関に適用されることによる取材・報道活動への萎縮効果や欧州各国にみられるような第三者機関が個人情報取扱業者の監督を行なうのではなく、主務大臣が直接監督する仕組みなどを問題点として指摘している。

民主党は当初、国会で審議入りした場合を想定し、修正案提出の準備を進めた。ところが、森喜朗政権の崩壊と、小泉純一郎政権の誕生などで国会はほぼ一カ月にわたって休会状態。政府提案だけでも例年よりもかなり多い約一〇〇本の法案を抱え、タイトなスケジュールの中での対決法案の審議入りは微妙な情勢になっていた。

その後、ほぼ通常国会での採決がない見通しとなった六月五日。民主党は同党の最高意思決定機関「ネクストキャビネット」(NC)で、廃案の方針を決めた。翌六日に民主党は、東京・永田町の憲政記念館でシンポジウムを開催。鳩山由紀夫代表が「(政府案は)メディア規制法案と言った方が分かりやすい。表現・報道の自由が政府の手によって妨げられるのは看過できない」と述べ、廃案に追い込む方針を表明した。

民主党がまとめた対案の骨子は、こんな内容だ。

報道分野での適用除外に関しては、政府案では「報道目的」で個人情報を取り扱う報道機関に限定していた対象者を、評論や小説を含めた「表現活動の用に供する目的」で個人情報を取り扱う者にまで拡大▽政府案では適用を除外する条文は罰則のある「義務規定」のみだったのに対し、新たに努力規定の「基本原則」も適用しない――ことにした。憲法で保障された表現・言論の自由に配慮したことが特徴だ。

さらに、他分野では政府案で、団体活動のみだった学術研究、宗教活動、政治活動分野での除外対象者に、個人による活動も加えた。これらの三分野に関しては、政府案通り基本原則は適用する。ただし、適用を除外される四分野の事業者に対しても政府案と同様、苦情処理など個人情報を適正に取り扱うために必要な措置を自主的に講じることを求めるとともに、その内容の公表を努力義務とした。

また、骨子では、公正取引委員会のような独立性のある第三者機関として「個人情報保護委員会」を内閣府の外局として新たに設置することを求めるなど主務大臣による民間分野への直接関与を前提とした政府案と異なり、行政権限の民間分野への直接介入を退ける仕組みとした。

一方、社民党も四月二四日、内閣・法務部会（福島瑞穂部会長）を開き、「個人情報保護法案」に反対する見解をまとめた。メディア規制につながる危険性を指摘するとともに、同法案の抜本的な見直しを求めていくことを決めた。共産党も「問題の多い法案だ。まず議論の整理をしないといけない。法制化の発端は、住民基本台帳法の改正だった。それがいつの間にかすり替えられた。法案の成立を急ぐべきではなく、何回でも審議すべきだ」（松本善明氏・党衆議院議員団長）といい、同様の方針だ。

## 部分修正で決着か？

ところで、通常国会での継続審議は、反対運動の成果と言うよりも、与党の戦略通りと言えなくもないとの見方もある。

六月二九日の会期末を控え、正式には政府案の取り扱い方針は表には出てきていなかった。審議入りか、継続審議か。その行方は、国が敗訴したハンセン病訴訟（熊本地裁判決）について控訴断念を決断した小泉首相の一言であっさり決まった。

六月五日午後一時過ぎの首相官邸。小泉首相は日本雑誌協会（雑協）関係者らと懇談し、その席上、個人情報保護法案について通常国会での審議を見送る考えを示した。

質問をしたのは雑協の勝見亮介専務理事。小泉首相は「個人情報保護法案の審議はこれからだ。（未処理の）懸案事項がたくさんあり、会期中の審議は難しい」と述べたという。

勝見専務理事は九九年夏に法制化に当たり内閣内政審議室から「脅し」を受けた本人。皮肉にも政府とメディア側の攻防の第一幕は、自身で引くことになった。

政府案は、衆院本会議での趣旨説明も行なわれず、内閣委員会への付託も見送られたまま秋の臨時国会への継続審議となった。ここで、初めに述べた「与党の戦略通り」の意味について触れたい。

与党幹部は、こう明かす。

「実は、与党では三月二七日の閣議決定前後に通常国会では審議はしないことを決めていた。都議選、参議院選を前に、マスコミが反対している法案を強行して、（国会が混乱した）あの通信傍受法（盗聴法）の審議時のように（混乱した国会に）なってはまずいと考えた。ましてや小泉人気を支えているのはテレビのワイドショー。無理して通すこともない」

森喜朗前首相が総裁だった自民党では、メディア規制を意図したさまざまな委員会が設置された。放送活性化委員会、青少年を取り巻く有害な環境対策の推進に関する小委員会——などだ。

ところが、小泉政権の成立とともにこれらはそれ以降その動きを静める。

ある衆院内閣委理事は言う。

「森内閣は、マスコミと折り合いが悪かった。その意を受けてか、内閣官房の担当者も四月の初めころまでは『今国会で法案を成立させてほしい』と熱心に議員室に訪ねてきた。しかし、マスコミのおかげで総理になれた小泉純一郎政権が誕生しそうな見通しとなってからぱったり彼らは来なくなった。そのころに政府も、通常国会での成立を諦めていたのではないか。逆に言えば、個人情報保護法案がいかに政府・与党の思惑で方針が変わる危険な法律なのかが分かった」

## 「表現活動には基本原則を適用除外」高木氏

今回の継続審議には与党・公明党の慎重姿勢は少なくない影響を与えた。

特に、神崎武法代表が二〇〇一年二月一四日に発表した「見解」は表現・報道の自由に配慮し、これまでのその危険性を指摘してきた「基本原則」の報道分野への適用に慎重姿勢を示したものだ。

公明党で法案を担当してきたのは、高木陽介・国会対策副委員長だ。高木氏は、自公保与党三党のPT（プロジェクトチーム）「個人情報保護システム検討会」幹事。九三年に初当選（東京一一区）し、二〇〇〇年に再選された（東京比例区）。現在二期目だ。法案の行方のカギを握るとみられる公明党の今後のスタンスを高木氏に聞いた。

——法案ができる経過で公明党のかかわりは小さくない。

**高木氏**　一九九九年に国民の個人情報をコンピューターで一元管理するため、住民基本台帳法（住基法）が改正されることになった。個人情報がネットワークでつながれることで、情報が外部に漏れたり、悪用されることへの不安が国民の間で高まった。そこで、個人情報保護に関し、旧与党三党（自自公）は同年六月に「三年以内の法制化」で合意。公的機関が持つ国民の個人情報がしっかり守られるように法律を整備する、という約束を小渕恵三首相（当時）からも引き出した。公明党が住基法改正に賛成した理由にはこういった経緯がある。

——神崎武法代表は、二〇〇一年二月の会見で政府原案に懸念を示し、報道分野への適用に慎重姿勢を表明したが。

**高木氏**　政府の個人情報保護法制化専門委員会＝園部逸夫委員長（元最高裁判事）＝が二〇〇〇年一〇月にまとめ、法案の下敷きとなった「個人情報保護基本法制に関する大綱」（大綱）を見て驚いた。民間分野での規制に厳しく、公的分野にはほとんど何も言及しない内容だった。個人情報保護法の必要性を訴えたマスコミも公明党も念頭にあったのは、公的分野での個人情報の保護強化だったはずだ。しかもメディアも規制対象になる、という。「これはおかしな法律になりそうだ」と、急きょ、公明党では、独自に関係団体からヒアリングを行なった。

基本原則が適用されることになるメディアは、法案には反対の立場。ところが、内閣官房幹部から説明を聞くと、「マスコミは内心では（大綱を下敷きにした法案に）理解を示していますよ」と、全く正反対のことを平気で言う。本当におかしいよね。表現・報道の自由は、重要な基本的人権だ。ところが、役人の認識は非常に低い。（統制の対象と考えようとする）旧内務省の感覚と変わらない。個人情報の保護と一緒にメディアも規制しようという役人の思惑も透けて見えた。

政府原案には、民間の個人情報保護団体に対する政府の立ち入り検査権が盛り込まれていた。これは問題だと思い、与党審査の段階で削除させた。しかし、メディアとの関連では基本原則の適用問題が依然として残った。代表見解は、こうした経緯の中で出された。

――政府案は、九月召集の臨時国会で本格的に審議されることになるが、今後どうすべきだと考えるか。

**高木氏** 政府案は、公明党が念頭に置いて三党で合意した法律とは全く異なる内容だ。住基法との関連では、国だけでなく地方自治体が保有する個人情報の法的保護も盛り込まないとだめだ。また、メディアとの関係では、基本原則が適用されても、公権力による介入の懸念は少ないだろう、という意見も党内にはある。しかし、個人的には、基本原則も報道分野に関しては適用の除外対象とすべきだ。その除外対象の範囲も、表現活動全体に広げるべきだ。法律の前文に、表現活動の分野については、適用しないことを書き込んではどうか。

法律は一度できると解釈でどうにでもなる。戦前の治安維持法（一九二五年制定）もそうだが、最初は問題のある法律でなくても改正を重ね、いざとなると、公権力に全権限を与えかねない、という非常に怖い面がある。役人は自分の作った法律なのでメンツにこだわって政府案の修正には応じたくないだろう。与党も含め政府案を理解している国会議員は多くない。廃案とするにしてもまず、慎重に議論をしたうえで、何が問題なのかの論点を整理することが重要だ。

◇　◇　◇

今後、一定の影響を与えると見られるので、公明党の神崎武法代表が二〇〇一年二月一四日発表した代表見解「報道、表現の自由と人権について」紹介しておきたい。

一、個人情報保護法案が今国会で閣法として、提出される予定となっている。

昨年一〇月に政府の「個人情報保護法制化専門委員会」が大綱を発表した。それによると「基本原則」として個人情報の利用目的の制限や適正な方法による取得など五項目を明示。さらに、顧客情報などを扱う民間事業者に対し、第三者への提供の原則禁止、利用目的の明確化や目的範囲内での取り扱い、本人の求めに応じてデータの訂正、削除、利用停止、苦情処理の体制整備、そして違反した場合、政府から改善・中止命令を出せる「義務規定」がある。

二、大綱では、報道分野に「義務規定」を適用しないとなっているが、「基本原則」は報道分野も含められている。

三、わが党でも「報道と人権委員会」（浜四津敏子座長）、「広報委員会」（漆原良夫委員長）等が、この問題で、新聞協会、民放連、雑誌協会、日弁連からヒアリングを行なってきた。いずれも、「取材活動の萎縮につながる」「基本原則をたてに記事差し止め訴訟が行なわれる」など、報道の自由を制限する可能性を指摘している。

四、「報道・表現の自由」は民主主義の根幹であるとの観点から、基本原則の適用にあたっても報道分野については慎重に対処すべきである。

五、もちろん二年前の住民基本台帳法制改正に伴って、個人情報保護法の法制化をすることは必要なことである。これは、公権力の個人情報の漏えいを防ぐとの視点からスタートした。また、情報化が進むなか、デジタル化された民間のもつ個人情報に対しても守っていかなくてはならない。

六、その上で、報道の自由も守られなければならない重要な問題である。

七、一方、報道機関、ジャーナリズム界にあっても「報道の自由」の前では何でもありという考えは違うと思う。これまでも報道被害を受けた一般市民もいる。それらの人々の人権をいかに守るかも重要な問題である。例えば、「報道評議会」のようなものをマスコミサイドが自主的につくり、公権力が介入する大義名分をつくらせないことも報道機関にとって大切なのではないだろうか。

八、国の機関が保有する個人情報の保護法制もいまだ不備な点が多く、地方公共団体等に対しては法制がないのが現状。早急に法改正も含めた検討を進めるべきである。

秋の臨時国会での政府案の行方は、どうなるのか。

政府案のままの成立なのか。あるいは、野党の主張を一部取り入れた修正で妥協となるのか。それともメディア側が廃案に追い込めるほどの国民の支持を得られる世論形成に成功するのか。

自民党の小野晋也氏（衆院内閣委理事）は六月一九日に消費者団体と懇談した。その席上、報道分野での適用除外範囲の拡大を念頭に「（政府案は）大幅に修正することはできない」などと難色を示したうえで、「部分的な法案の修正はしてもいい」との考えを述べている。

政府案をめぐり、与党の同委理事が修正に応じる姿勢を初めて示した。

野党議員の一人はいう。「与党がどこまで野党に譲歩するかが大きな焦点となろう」。

## 最大の受益者はだれか

「報道の自由を制約する気など毛頭ない」――。

政府はメディアの懸念を繰り返し否定してきた。

メディアとの関係がぎくしゃくしていた森喜朗政権下で練られたこの法案が通ると、森首相のゴルフ会員権利益供与事件や、外務省の機密費流用事件のようなケースで悪用され、報道がより困難になる可能性は非常に大きい。政府案のさまざまな「仕掛け」は既に見てきた通りだ。

公権力の監視を大きな役割とする報道機関が「報道分野の個人情報は法の対象外に」と繰り返し主張してきた理由は、ここにあるわけだ。

新聞社へ最も多く苦情を寄せる「読者」が、実は国会議員であることは案外知られていない。個人情報保護法案の適用対象にメディアを含めることによる最大の受益者はだれなのか。その答えはもはやわざわざ記すまでもないだろう。

文壇の重鎮的な存在でもある城山三郎氏が、首相に就任したばかりの小泉純一郎氏に個人情報保護法案の廃案を求める手紙を出した、という話が飛び込んできた。

城山氏は、一九二四年（大正一三年）八月、名古屋生まれ。『男子の本懐』、『もう君には頼まない――石坂泰三の世界』などの名作を生み、政界や財界などにも多くの愛読者を持つ。戦前の日本をよく知る城山氏がどんな思いで手紙を書いたのかを知りたくて、話を聞きに行った。

五月二四日。まさに国会では個人情報保護法案の行方が注目を集めていた時期だった。東京都内のホテルに滞在していた城山氏を訪ねた。次の文章は、五月二九日付朝刊「毎日新聞」で掲載されたインタビュー記事だ。最後にぜひ紹介しておきたい。

## 「法案は一種の検閲制度だ」城山氏

政府が今国会に提出した個人情報保護法案の審議の行方が注目を集めている中、作家の城山三郎氏は四月下旬、同法案の廃案を求める私信を、首相に就任したばかりの小泉純一郎氏に送った。どんな考えで、手紙を書いたのか。城山氏に話を聞いた。

――法案に対しては、表現・言論・報道の自由を守る立場から、日本新聞協会は一昨年から批判的な見解を発表し、最近では出版社、作家らからも批判が上がり始めました。

**城山氏**　この法律によって、作家が制約を受ける可能性は非常に大きいと思う。社会性が強いものは書きづらくなるだろうし、私小説だって自分のことばかり書くわけではない。日本の小説などはほとんどなくなってしまいかねない。残るのは時代小説や性風俗小説くらいだ。

そもそもこの法律は（デジタル情報化社会を迎え）個人情報を悪用から防ぐことを目的としていたはずだ。ところが、途中から臭い物（政府に苦言を呈するメディア）にはフタをしろ、という政府や与党の本性が現れ始めた。（個人情報を大量に扱う民間の事業者に課せられる）義務規定の除外対象に出版社を明記しなかったのは、新聞社や放送局と分断しようという作戦だ。しかも、（適用除外は）報道目的だけに限定するなど言論・表現の自由への理解が全くない。

この法律を「個人情報の保護」という建前だけを見ていると表現・言論の自由にとって脅威となる法律ではないように映るが、その中身は一種の検閲制度だ。

（民間分野全体を規制するのではなく）必要な分野で個別に法律をつくればいいのではないか。

――小泉首相に廃案にするよう私信を送ったそうですが。

**城山氏**　一昨年の大晦日に小泉さんに初めて会った。小泉さんの祖父・又二郎氏は、民主的な内閣だった浜口雄幸内閣（一九二九年〜三一年）で、逓信相を務めた。非常に首相から信頼の厚い人だった。私の作品『男子の本懐』の中で、又二郎氏を描いた縁がある。

小泉さんは、年始は選挙区に帰らずに海外で過ごし、見聞を広めるのだと話していた。次の選挙と利権のことばかり考えている「政治屋」ばかりの中で、小泉さんは、次世代のことを考える「政治家」だと思った。

手紙には、個人情報保護法案はいずれ、言論を弾圧する道具になる危険性があるので、こうした悪法は次の世代に残さないでほしい、ということを書いた。数日後に本人から直接自宅に電話があって、「一度会って話がしたい」と言っていた。

――政府は表現の自由について「配慮」すると言っていますが。

**城山氏**　そもそも、報道や言論に当たるのかどうかを政府が自分たちで判断しようというのがおかしい。

官僚は、自分たちを神様だとでも思っているのだろうか。そういう発想は、旧軍部の中にいた一番たちの悪い連中と共通するものがある。

言論弾圧に猛威をふるった治安維持法も「治安を維持する」という正面からは反対しづらい理由だった。この法律も改正を重ね、言論弾圧法になることは間違いない。官僚は歴史をまじめに勉強したことがあるのだろうか。

――政府や与党は、個人情報保護法案だけでなく、人権救済や青少年の健全育成を名目にしながら、結局はメディアの手足を縛ることになる法律案を次々に準備しています。

**城山氏**　四五年に戦争が終わり、せっかく自由でみんなが平等な社会になった。民主主義社会は、言論・表現の自由があってこそ成り立つ。ところが、一握りの政治屋や官僚が醜いことを隠すために、まずこの個人情報保護法案を通そうとしている。この法律によって、官報と建前情報ばかりがあふれる暗い時代が幕を開けようとしている。言論・表現の自由というのは「生きる」ということと同じくらい大切だということをみんなが理解すべきだ。

小泉内閣が森喜朗前内閣から受け継いだ「お荷物」(同法案)に、どう対応するのか。首相の決断は非常に重要だ。小泉さんが本当の政治家であるのかが問われるだろう。本当に小泉さんに会う必要があるかもしれない。

◇　◇　◇

城山氏は二〇〇一年八月三〇日、首相官邸に小泉首相を訪ね実際に会って、個人情報保護法案の廃案を求めた。

しかし、小泉氏は「戦争の悲惨さはよく分かっている」などと述べるにとどまった、という。

城山氏との会談後、小泉首相は「報道の自由、言論の自由を阻害しないよう慎重によく考えなければならない。(国会には)慎重な審議をしていただきたいということだ」と首相担当記者に語ったのみで、具体的な考えは示さなかった。

いずれにしろ、「小泉改革」の一環として臨時国会で明らかにされることになるだろう。表現・報道の自由を守るのか。メディアの手足を縛る「改革」なのか、と。

# 2

# 相次ぐメディア規制法

Chapter 1

# 法務省「人権委員会」

政府・与党がメディアの手足を縛ろうとして提出を準備している個人情報保護法案以外の法案の動きを見てみたい。「人権の救済」を名目にした公権力によるメディア介入が懸念されているのが、法務大臣の諮問機関「人権擁護推進審議会」が設置を提言した「人権委員会」（仮称）だ。法務省は二〇〇二年の通常国会にも関連法案を提出したい考えだ。同審議会が二〇〇一年五月に法相に答申した「人権救済制度の在り方について」の問題点を検証した。

## メディアによる人権侵害

人権擁護推進審議会は「人権擁護施策推進法」（一九九六年制定）に基づき、一九九七年三月に松浦功法相（当時）の諮問機関（存置期間は五年間）として設置された。

人権擁護推進審議会が同年五月二七日に受けた諮問は二件。

法務大臣、文部大臣、総務庁長官からの「人権尊重の理念に関する国民相互の理解を深めるための教育及び啓発に関する施策の総合的な推進に関する基本的事項について」（諮問第一号）と、法務大臣からの「人権が侵害された場合における被害者の救済に関する施策の充実に関する基本的事項について」（諮問第二号）だ。

メディアとの関係で問題となっているのは、後者の諮問第二号だ。

人権擁護推進審議会は一九九九年七月二九日に一号に基づき、「人権尊重の理念に関する国民相互の理解を深めるための教育及び啓発に関する施策の総合的な推進に関する基本的事項について」を答申。ただちに同年九月から二号の検討に着手した。

第二号諮問は次のような内容だ。

諮問事項は、前記のとおり「人権が侵害された場合における被害者の救済に関する施策の充実に関する基本的事項について」。

諮問理由を「我が国においては、日本国憲法の下、すべての国民は基本的人権の享有を妨げられず、個人として尊重され、法の下に平等とされている。政府は、これまで人権に関する諸制度の整備及び施策の推進を図るとともに、国際社会の一員として人権に関する諸条約に加入するなど、各般の施策を講じてきた。

しかし、今日においても、社会的身分、門地、人種、信条又は性別による不当な差別その他の人権侵害がなお存在している。また、我が国社会の国際化，高齢化，情報化の進展等に伴い、人権に関する様々な課題もみられるようになってきている。

このような状況にかんがみ、人権擁護に資するため、人権が侵害された場合における被害者の救済に関する施策の充実に関する基本的事項について調査審議する必要がある」とした。

そしてこのことに関して、次のようなメンバーで検討していくことになった。

塩野宏・東亜大学通信制大学院教授（会長）▽野中俊彦・法政大学教授（会長代理）▽安藤仁介・同志社大学教授▽大南英明・帝京大学教授▽大谷實・同志社大学総長▽貝原俊民・元兵庫県知事▽河嶋昭・全国人権擁護委員連合会会長▽清原慶子・東京工科大学教授▽庄司洋子・立教大学教授▽鈴木正幸・近畿大学豊岡短期大学教授▽高島順子・日本労働組合総連合会副事務局長▽立石信雄・オムロン会長▽塚田佐・長野市長▽寺澤亮一・奈良県同和問題関係史料センター専門研究員▽中島元彦・前東京都教育委員会教育長▽野崎幸雄・元名古屋高等裁判所長官▽長谷部由起子・学習院大学教授▽堀野紀・弁護士▽宮崎繁樹・明治大学名誉教授▽森隆夫・お茶の水女子大学名誉教授

人権擁護推進審議会＝塩野宏会長（東亜大学通信制大学院教授）＝が森山真弓法相に答申したのは、二〇〇一年五月二五日。

答申が提言した人権救済システムは、差別や虐待などの人権侵害に迅速に対応するため、公正取引委員会のように行政権から一定の独立性を持った新たな人権委員会の設置がその柱だ。

裁判外紛争処理制度（ＡＤＲ）などと呼ばれる仕組みの一つで、判決まで長時間を要する裁判に対して、実効性を担保する力は判決ほど強くはないものの迅速な救済を図れることが特徴だ。

法務省の人権擁護推進審議会がまとめた「人権救済制度の在り方に関する中間取りまとめ」に対して開いた公聴会＝2001年1月29日、東京都渋谷区の国立オリンピック記念青少年総合センターで

答申は人権委員会が、あらゆる人権侵害を対象として相談やあっせん、指導などの手法による「簡易な救済」のほか、「自らの人権を自ら守ることができない弱者」（塩野会長）を対象に、差別、虐待、公権力、メディアの四分野における人権侵害に関しては、「積極的救済」を図るべきだとした。

この積極的救済とは、被害者からの申し立てや人権委員会独自の判断に基づき、調停や仲裁などを行なうほか、被害者側に立ち、改善がみられない加害者に対して「勧告・公表」による「制裁」を実施。悪質なケースについては、被害者に対して調査資料を提供するなど訴訟の援助も行なうなどの役割を果たすという内容だ。

この役割を果たすために付与されたのが、調査に協力的でない〝加害者〟に対しては、過料や罰金で担保された質問調査権、文書提出命令権、立ち入り調査権などの強制調査権限。従来の法務省人権擁護局による任意調査の限界を強制権限を持たすことで、時間のかかる司法救済に代わり迅速な救済を図ろうという狙いだ。ＡＤＲというからには、被害者側に立った機能を持つことになりそうだ。

この答申に対して、積極的な救済対象にメディアを含めたことからメディア界から強い反対の声が出ている。何故なのか。

### 過剰な取材

答申は、マスメディアによる人権侵害の具体例として、犯罪被害者やその家族、被疑者・被告人の家族、少年の被疑者・被告人――に対する報道によるプライバシー侵害や、「行き過ぎた取材活動は、二次被害とまで言われる深刻な被害をもたらしている」と取材行為による人権侵害を明記した。

人権擁護推進審議会が具体的に念頭に置いて議論してきたマスメディアによる人権侵害のケースには、一九九八年に和歌山市で起きた毒物カレー事件や一九九七年の東京電力の女性社員が殺害された事件などがある。被害女性側のプライベートなことに関する「行き過ぎた」報道や、毒物カレー事件のようにメディアスクラムと呼ばれる多数のメディアが一カ所に集中して取材することによる被害も「行き過ぎた取材活動」の事例の一つだ。

答申は、こうした人々は「自らの人権を自ら守っていくことが困難な人」（塩野会長）であるため、「（救済の）必要性の高い分野」として、積極的救済の対象にすることを結論付けた。

ただし、他の三分野に対するような過料や罰金で担保された、質問調査権や文書提出命令権、立ち入り調査権などの調査方法は、「任意的な調査によって対処すべきもの」として適用を見送った。そのかわり、マスメディアに対しては、「調査への協力」を求めるとともに、「調査過程の公表等」を行なうなど別の物差しによる新たな「制裁措置」を盛り込んだ。

塩野会長は、マスメディアも積極的な救済対象とした理由について「委員からは、マスメディアを救済対象にすることに慎重な意見はあったが、反対意見は出なかった。マスメディアによる人権侵害が事実としてある以上、対象外とすることはできない」と語っている。

そもそも「行き過ぎた取材活動」とは何なのか。極めて曖昧な概念だ。

塩野会長は答申後の会見で「過剰な取材の『過剰』とは、裁判所がよく使う『社会通念上』ということだ。外国の多少のケースを参考にしながら基準をつくりたい。過剰な取材の行為基準を作ることが望ましい」といい、取材方法・内容を行政機関が定めることを提案した。

さらに、塩野会長は積極的救済対象とするマスメディアの範囲についても、「たとえ一人でやっている出版社でもマスメディアだ。フリージャーナリストも含まれる」との見解を示している。

答申に明記されているマスメディアの範囲は、全国的に新聞を発行していたり、放送を行なっているメディアに限られない。非常に広い概念なのだ。

ここで、表現・報道の自由を侵害しかねない内容となった人権擁護推進審議会の答申が創設を提言した人権委員会が設立され、運用が始まった場合、メディアの現場に及ぼす影響をシミュレートしてみたい。

## 元政治家「今は私人」

X元県議は、議長も経験した地元政界の大物だ。引退して何年も経つが、隠然とした政治力は健在だ。

ところが今年になって、かつての後援会長が経営していた建設会社による公共事業の入札に絡んだ贈収賄事件が発覚。会長は逮捕されてしまった。工事を発注したのは県庁だ。地元紙の記者が、県に口を利いたX元県議の存在をキャッチ。

X元県議の自宅周辺で毎朝毎夜、張り込み取材を続けた。記者の取材に気付いたX元県議。夫の意向を受けた妻は人権委員会に「いまは県議ではなく、私人として生活している。外出もできずに家族も迷惑している。過剰な取材だ」として救済を申し立てた。

人権委は、記者の属する新聞社に調査協力を依頼。しかし、「取材の自由」を理由に情報提供を拒んだ。これに対して、人権委は「新聞社は調査に非協力」と公表した。

取材源を秘匿する必要から十分な反論ができないこの新聞社は、思わぬ世論の批判を受け、取材を中止せざるを得なくなった。この新聞社はその後「過剰取材の恐れがある場合、被疑者でも自宅への取材は控える」との取材規約を設け、違反者には処分を行なうことも決めた。

以上がシミュレーションだ。答申は、「被疑者の家族」を積極的救済の対象者に挙げている。しかし、「政治家や官僚など公人が救済対象外になるのは当たり前だ」(塩野宏会長)として、公人を除外することを明記しなかった。

このため、シミュレーションのように汚職の疑いのある政治家が、メディアの追及から逃れる抜け道として、家族の存在を乱用する可能性も否定できない。

## 塩野会長「信用して下さい」

法務省の司法クラブ。審議会自体は非公開で傍聴は許可されない。塩野会長が会合終了後にブリーフィングをその都度行なうだけだ。メディア規制に関する質問は毎回、塩野会長に投げつけられる。主要なやりとりを次のようにまとめてみた。

記者「メディアとの関係で政治家が救済対象になるのか。歯止めとして答申に書いてあってもよいのではないか」

塩野会長「この答申の概念は、それなりにきちんと書いてある。政治家や高級官僚がその対象に入らないのは、当たり前なので明記しなかった。公人、芸能人など例示ができるのかというとそうでもない。弱者の（概念の）範囲ははっきりしている。ただし定義は難しい」

記者「二〇〇〇年一一月に出した中間取りまとめを公表した後の会見でも塩野会長は、公人は救済対象としないと言っていたが」

塩野会長「表現の自由、言論の自由を侵害していいということはない。信用してくださいよ、それは」

記者「諸外国では公的な人権救済機関がメディアを救済対象とするところは珍しい。日本ではそれを対象とするわけだが、表現・報道の自由が侵害されるということはないと考えているのか」

塩野会長「そう思っている。萎縮効果が及ぶことはないと思っている」

「個人情報保護基本法制に関する大綱」をまとめた園部逸夫・個人情報保護法制化専門委員会委員長の発言と何と似ていることか。田島泰彦・上智大教授（憲法、メディア法）は「メディアに任意調査への協力を求めたり、調査過程が公表されることになれば、調査を事実上、受けざるを得ない。メディアに『問題になるくらいなら取材をやめよう』という萎縮効果を招く恐れがある。現在、新聞社も放送局もメディアは自主的な苦情処理機関の設置に乗り出しているところだ」とメディアの自主的取り組みを重視する。そしてこう指摘する。

「いかに民主的な機関であろうと、行政機関が表現・報道領域で良い悪いの価値を判断し、さらに、一方の側に立って訴訟の援助を行ない、メディアを糾弾する仕組みは非常に問題だ。人権救済の仕組みとして、表現・報道の領域を公権力など他の人権侵害と併せて行政機関が救済に当たる仕組みは、多くの先進国では採用していない」

## 「記事差し止めも視野」と法務省

人権擁護推進審議会へのメディア界の不信感は、実は一九九九年秋に起きたある出来事にまでさかのぼる。人権擁護推進審議会は、日本新聞協会に対しヒアリングへの出席を求めた。さまざまな人権侵害事案に対して、円滑な救済を図る仕組みをどう構築できるかという観点からの調査の一環だ。報道によるプライバシー侵害がその人権侵害の類型の一つと判断されたわけだ。

出席要請の際に法務省の担当者が「行政命令によって、人権を侵害する記事を差し止めることも視野に入れて検討したい」という趣旨の説明を行なった。

これに対して新聞協会は「行政命令による記事差し止めは、憲法で禁止されている事前検閲に当たる」と強く反発。その後、担当者による発言の撤回と、「憲法の保障する表現の自由の重要性、検閲の禁止の趣旨は十分承知しており、審議会においても表現の自由等を十分尊重した議論がなされるものと考えています。いずれにしても憲法上疑義を生ずるような結論が出されることは、あり得ないと考えます」との内容の塩野会長メッセージを伝えることで事態は収拾された。

日本新聞協会の抱いた懸念は、的中する。

答申は、人権委員会が独自に判断して、裁判所に対して出版の差し止めを求める仕組みを構想している。ただ、当初懸念された人権委員会が直接、マスメディアに対して排除命令を行なう仕組みは採用しなかった。「行政が直接差し止めを求めることは憲法との関係でもたない」（法務省人権擁護局佐久間達哉調査課長）からだという。

法務省によると、たとえば、『部落地名総鑑』の出版・頒布などは、出版を差し止める対象となる、という。その場合の基準は、何か。人権委員会による乱用をチェックする仕組みをどう確保するのか。答申はここでもこれらの懸念について答えてくれていない。佐久間調査課長は「言葉狩りが意図されているわけではない。そこのところは（記事にするうえで）注意していただきたい」と懸念を打ち消すのだが。

## 国連は公務員による人権侵害を批判

そもそも法務省が今回、新たな人権救済制度の検討に乗り出したのは、国連規約人権委員会の勧告がきっかけの一つだ。規約人権委は、国連の人権条約の一つ、自由権規約（市民的・政治的権利に関する国際規約、一九六六年一二月採択、七九年六月発効、日本は七九年に採択・発効）に基づき、各国の国内施策をチェックする機関だ。

日本がその規約人権委員会に報告書を提出したのは一九九八年で四回目。日本はいずれも厳しい注文を突きつけられている。

規約人権委が一九九八年一一月五日に採択した「日本に関する最終所見」は冒頭で、「第三回報告審査（九三年）の後に出された委員会の勧告の多くの部分が実行されていないことを遺憾に思う」で始まる。つまり、日本は五年間、重要な勧告には手を着けなかった、と非難されているわけだ。

特に、委員会は、公務員による暴力や虐待が依然として改善されていない実態を憂慮している。最終所見は、「警察や入国管理局職員による虐待の申し立てを、調査と救済のために持ち込むことができる独立の機関がないことに懸念を持っている」と表明。「人権侵害の申し立てを調査するための独立の機構を設立するよう強く勧告する」と述べ、日本に対応を求めた。法務省が重い腰を上げて検討を始めた背景には再三にわたる国連からの指摘があるのだ。

## 人権委の「独立性」に疑問

ところが、法務省の人権擁護推進審議会がまとめた答申は、公権力による人権侵害は、各種行政処分に対する不服申し立て制度があることなどを理由に「公権力による人権侵害は一律に積極的救済の対象とすべきではない」とし、差別や虐待など一部に限ってしまった。

それでは、二〇〇一年五月に熊本地裁が国による人権侵害を認めた画期的な判決で批判が上がったハンセン病をめぐる人権侵害はなぜ放置され続けたのか。答申はこの点についても、何も答えていない。

しかも、人権委員会は、一定の独立性を確保するため国家行政組織法上の「三条機関」とする方向だが、法務省人権擁護局を看板替えしただけになりそうなのだ。そもそも人権委員会が法務省の外局では、同じ法務省が管理・運営する入国管理局の収容施設や刑務所に対しての公正な調査の信憑性に疑問が残る。こうした機関は「独立性」こそが生命線とも言える。

小泉内閣の改革メニューの一つに、公正取引委員会の所管を内閣府に移すことが検討課題として上がっている。これは、総務省の外局である公正取引委員会が、とりわけ競争政策への誘導が求められている通信業界などを所管する同じ総務省の所管にあって、調査の公正性を確保できるのか、という疑問を払拭することがその背景にある。これと同じことが人権委員会にも言えるのだ。実際、人権委員会を内閣府の外局とすることを求める意見は法務省にも数多く寄せられている。

しかし、法務官僚の権益を守る姿勢は強く、内閣府に移すことには、極めて消極的だ。佐久間調査課長は「内閣府に（人権委を）置けば、物事が解決するというわけでは必ずしもないだろう」と反論する。塩野会長も法務省の意を代弁するかのような立場だ。「独立性が重要であって、（人権委を）内閣府か法務省のどちらに置けばいいのかという議論を（審議会では）していない。逆に何で内閣府に所管を置くことが独立性を有することにつながるのか。内閣府は総理大臣の事務を所管する機関のはずだ」などと述べ、小泉改革の考え方をも疑問視する。

梓澤和幸弁護士は「答申の一番の問題点は、人権委員会の独立性が確保されていない点だ。国連規約人権委員会の勧告に照らせば、公権力の人権侵害に対して、有効な調査・救済権限を持った人権機構の設立こそが審議会への期待だったはずだ」と指摘。その上で「しかし、伝えられるところによれば、人権委員会は法務省の所管の下に置かれる、という。独立性がない委員会が公権力の侵害をフェアに調査できるわけがない。この点は、法案化の際には根本的に見直す必要がある。また、民間の人権侵害についても積極的な救済対象としているが、独立性が担保されていない委員会に過料や罰金で担保された立ち入り調査権など強力な権限を与えれば、表現の自由、学問の自由、弁護士自治など他の分野における人権侵害の新たな温床になりかねない」と憂慮を隠さない。

国連規約人権委が勧告した「独立性」。日本では早くも黄信号が点滅しているのだ。

個人情報の保護強化がうたわれながら、行政機関の保有する個人情報の保護は先送りにされ、民間分野に厳しい規制を加えることになった個人情報保護法案。「官」に甘く、「民」に厳しいといわれている。答申も何と似ていることだろう。「たたきつぶそうとすれば簡単につぶせるぎりぎりの（内容の）答申だ」という塩野会長。「公的機関だからと言って、（調査や救済などを）弱めるということはない」と答申に自信を示すのだが……。

## メディアは一斉に反発

人権擁護推進審議会の答申に対してメディア側は一斉に反発している。

日本新聞協会は二〇〇一年六月六日に意見書を発表した。意見書は「行政による報道への不当な干渉につながりかねない」と指摘。法制化に当たっては「報道の自由に十分配慮した制度」とするよう求めた。日本民間放送連盟（民放連）も答申日と同じ五月二五日に民放連・報道委員長（石川一彦・福岡放送社長）コメントを、日本ペンクラブ（梅原猛会長）も二〇〇一年七月一六日に反対声明を発表している。

日本弁護士連合会（日弁連）は、人権委員会の独立性に疑問を持つ立場から批判する会長声明を二〇〇一年五月二五日に公表している。

ただし、メディアを積極的な救済対象に含めたことについては、会長声明では触れていない。というのは、日弁連は二〇〇〇年一〇月六日に岐阜市で開催した「第四三回人権擁護大会」で、メディアも対象に含めた「政府から独立した調査権限のある人権機関の設置を求める宣言」を採択するなど最近はメディアによるプライバシー侵害行為を重視し始めている。

メディアと日弁連はこれまで公権力の監視という同じ立場にあることが多かったが、両者の間には、徐々に溝ができつつある。公権力からみれば望ましい変化だ、と受け止めているに違いない。

人権擁護推進審議会は二〇〇一年九月一〇日、人権委員会の核となる人権擁護委員制度改革に関する論点項目をまとめ、同年一〇月三一日まで国民からの意見の募集を始めた。

法務省は意見の集約を受けて立法作業を本格化させるが、出来上がった法案は、先に見た個人情報保護法案と同じように表現・報道の自由を大きく制約する内容となる可能性は大きい。

## Chapter 2
# 自民党「青少年社会環境対策基本法案」

「青少年の健全育成」を名目にしたメディア規制の動きとして警戒されるのは、自民党が国会提出の準備を進めている「青少年社会環境対策基本法案」だ。二〇〇〇年秋の臨時国会に当初提出を予定していたものの先送りとなり、第一五一回通常国会〈二〇〇一年一月三〇日～六月二九日〉での提出も見送られた。一方、東京都は青少年健全育成条例を改正し、自殺など「反社会的」な内容の出版物も規制の対象に加え、二〇〇一年七月一日に一部施行した。これらの動きをまとめた。

### 放送界で自主規制の動き

二〇〇〇年一一月下旬。東京・永田町の自民党本部と青山通り〈国道二四六号〉を一本隔て北側にある都道府県会館では、メディア規制をめぐる対照的な二つの動きがあった。

二九日。午後四時を少し回った都道府県会館の四階会議室。

この会議室で開かれた記者会見の主役は、原寿雄氏だった。原氏は「放送と青少年に関する委員会」の委員長を務める。同委は、放送局と視聴者の間に立ち、性表現や暴力シーンなどが青少年に悪影響を与えている、との視聴者からの苦情を受け付け、番組の内容をチェックする役割を担う第三者機関だ。NHK（日本放送協会）と日本民間放送連盟（民放連）が二〇〇〇年四月に設置した。

この日の会見は、およそ半年間にわたり調査してきた同委の「見解」を初めて明らかにする場。三人の委員とともに中央に座った原氏は、既に傾きかけた夕日とは正反対に、テレビ局のクルーが照らすまぶしい照明を浴びていた。原氏の表情は硬いように見えた。

共同通信編集主幹を務め現在もジャーナリスト活動を続ける原氏が、会見に集まった報道各社のいわば「ライバル」を相手に自主規制を呼び掛ける舞台でもあったからかもしれない。

同委の見解で取り上げられたのは、フジテレビのバラエティー番組「めちゃ×2いけてるッ！」で、しりとりゲームをして間違えた人が罰として野武士の集団に襲われ、めった打ちにされる「しりとり侍」と、テレビ朝日のやはりバラエティー番組「おネプ！」で、若い女性が巴投げされる際に女性の下着などが見える「ネプ投げ」。

同委は、各放送局が自主的に定めた番組放送基準やガイドライン。さらに、放送の「公共性」に照らして、これらの性表現や暴力シーンが青少年の健全育成に悪影響を与える、と判断し、両社に対して自主的な見直しを求めた。

原氏は、「第三者が介在することで放送への信頼が増すことになる。今、青少年（へ悪影響を与える有害番組）に（政治と世論の）関心が集まっている。特定の番組のこと、ということではなく放送界全体の問題として（放送各社は）この見解を受け止めてほしい」と述べた。

そのうえで、「放送局の対応によっては、委員会の存在意義そのものが問われることになる」と語気を強め、最後をしめくくった。両社は企画を中止することになった。

放送と青少年に関する委員会の「初見解」を受け、二〇〇一年二月二八日、放送関係者が集まって東京・麹町にある千代田放送会館でシンポジウムが開かれた。

基調講演に立ったのは、原氏。テーマは「番組制作者に何が問われているか」だ。

原氏は講演の中で、「（「見解」を批判する）威勢のいい番組制作者は多い。しかし、その考えは外（視聴者）に向かって説得できる（内容な）のか」と述べ、番組を取り巻く厳しい批判を受けとめ、自主的に正すことを求めた。

自主的努力の必要性を強調したのは、森喜朗内閣（当時）の下、政府・自民党による放送メディアを狙い撃ちにした法規制が具体性を帯びてきたからだ。

## 総理大臣が直接制裁

「放送と青少年に関する委員会」が会見した一日前の一一月二八日の自民党本部。

この日の午前中、内閣部会（鴨下一郎部会長）の下に設置（二〇〇〇年一一月一六日）されたある委員会が開かれた。

「放送と青少年に関する委員会」の初見解を発表する原寿雄委員長＝2000年11月29日、東京・平河町の都道府県会館で

「青少年を取り巻く有害な環境対策の推進に関する小委員会」。委員長は、田中直紀氏だ（二〇〇一年二月から大島慶久氏）。

同委は、放送業界が「放送と青少年に関する委員会」などで自主的な規制へ取り組む中、法律での規制を狙い議員立法による法制化作業を進めている。既に「青少年社会環境対策基本法案」としてその骨格をまとめた。

同法案は、番組を放送したり、書籍を出版したり、新聞を発行する行為を「商品又は役務の供給」と規定。一八歳未満の青少年に対して悪影響を与えている性表現や暴力表現のほか、事案が発生していないものの青少年に対して、性表現や暴力的な「逸脱行為」、「不良行為」を助長する恐れのある表現行為などを内閣総理大臣や都道府県知事が青少年の保護の観点から「必要があると認めるとき」は、「商品又は役務を提供している」事業者に対して、放送や出版・発行の方法について「指導」や「助言」を行なうことができる権限を与えている。

さらに、「青少年の健全な育成を著しく阻害する恐れがある」と内閣総理大臣か都道府県知事が判断すれば、事業者に対して、放送や出版、発行の方法について「必要な措置を取るべきことを勧告」できる仕組みになっている。

「正当な理由」なく「勧告」に従わない事業者には、事前に調査や主張を聞くことなく「公表」という形での「制裁権」までも付与しているのだ。これに対して、メディア側は第三者審議会などで「反論」する機会さえない。さらに、こうした事業者や事業者団体は、青少年の健全育成を阻害しないよう「遵守すべき規律」を示した「協約」や「規約」を作成し、内閣総理大臣や都道府県知事に届ける義務までも課せられている。

委員会は非公開で行なわれ、この日の会合では、マスコミが団結して同法案に反対しないようにするにはどういう方法が考えられるのか、など分断方法や、法律の実効性を担保するための罰則規定をどう設けるかが話し合われた、という。

過剰な規制内容と、運用基準や各規定の定義があいまいなことから、メディア側からの批判の声は大きい。

民放連は同党に対して二〇〇〇年一一月一五日に質問状を提出した。その骨子は、行政措置が

「おそれがある」という段階で発動されることは憲法二一条で禁止された検閲に当たるとし、以下の質問をしている。①「おそれがある」の判断基準は何か、②都道府県の青少年健全育成条例は「図書」「映画」「玩具」など限定的に列挙しているが、規制対象の範囲を具体的に明示してほしい、③行政機関による恣意的な解釈と運用を許さないための判断基準は何か、④マスメディアを含む事業者側の反論権を認めないのは何故か――。

## 自民部会長「放送局は自覚がない」

二〇〇一年三月一五日。委員会は自民党本部で民放連からのヒアリングを実施した。

民放連側は報道・表現の自由を守る立場から、自民党に法案の見直しを強く主張。これに対して、自民党側からは「自主的規制を促す内容で『法規制ではない』」などの意見が出て議論は全くかみ合わなかった。

会議終了後、鴨下一郎、田中直紀、大島慶久の三氏がエレベーターで乗り合わせヒアリングの感想を述べあった。

「放送局は巨大な権力を持っているという自覚がまるでないね」（鴨下氏）。

メディア界の危機意識は自民党側には全く伝わらなかったようだ。

自民党の動きに詳しい者はいう。

「自民党は、新聞記者に対しては、（法案は）放送や雑誌が対象の法律だと説明し、放送記者には雑誌が対象だと言う。また、雑誌記者の取材には一部の問題雑誌が対象だと答えるなど説明を使い分けている。しかし、法律を見ればすぐ分かる。そんなことは一言も書いてない」

この法案は、インターネットを含めたすべてのメディアを対象とするなどその規制範囲の広さとともに、「予防・事前抑制」を前面に打ち出した表現の自由にとって極めて危険な内容なのだ。

## 民主党も独自案

一方、民主党も二〇〇〇年一二月二一日、性や暴力表現など一八歳未満の青少年に有害な情報を規制する「子ども有害情報からの子どもの保護に関する法律案（子ども有害情報保護法案）」（骨子）をまとめている。

自民党と同様に議員立法による法案成立を目指している。

同法案では、残虐な暴力、性暴力、人種・民族・障害等による差別、薬物にかかる犯罪または売買春――に関する情報のうち、一八歳未満に悪影響を及ぼしたり、一八歳未満に対して犯罪などを誘発・助長するおそれのある情報を「子ども有害情報」と定義。インターネットをはじめ放送番組や週刊誌、書籍を含む、文書図画、映像、音声――などさまざまなメディアを規制対象とした。

また、インターネットのアダルトサイトや放送番組を運営する個人や団体、企業などの「事業者」

に対して、保護者らが一八歳未満に有害なコンテンツかどうかを判断できるよう、有害の程度の表示と、その基準づくりを求めている。

基準は、内閣府に保護者や学識経験者、事業者でつくる「中央子ども有害情報対策委員会」が示す「指針」に基づくとし、同委は事業者に対して「必要な勧告をすることができる」という仕組みも構想している。

同法案は表現の自由との関係で「事実を伝える報道を妨げること等表現の自由その他国民の基本的人権を不当に侵害することがないようにしなければならない」と明記している。

しかし、委員会による「勧告」に至る手続きが不明確であることや、事業者が作成の努力義務を負う「基準」は、行政機関である委員会が示す「指針」に従う必要があるなど問題点は少なくない。

自民党の青少年社会環境対策基本法案は当初、二〇〇〇年秋の臨時国会に提出される予定だった。それがさらに二〇〇一年の通常国会に延期となったが結局、通常国会にも提出されなかった。

個人情報保護法案が継続審議となったことと同様に、小泉純一郎政権が誕生したことによる審議のスケジュールがタイトになったことも理由の一つにある。

しかし大きな要因としては、自民党内の旧郵政族議員を中心に慎重論が出てきたことも無視は出来ないだろう。

同法案の主なターゲットは、放送番組と言われる。

小泉政権の高い支持率は、小泉首相を頻繁に登場させる放送番組の影響を無視しては説明が付かない。東京都議選や参議院選を控えた自民党が放送局を敵に回すことは得策ではない、と判断したとしても不思議ではない。

しかし、自民党は法案の提出を断念したわけではない。政局の動向によってはメディアへの牽制の意味を込めて提出に動く可能性もあり、今後も警戒を要すると言える。

Chapter 3

# メディア規制に乗り出す文科省

## 放送番組を格付け

メディア規制をめぐる動きはこれだけではない。文部科学省も青少年とメディアに関する規制に乗り出し始めている。

文科省は、テレビ番組などで青少年に有害な番組を格付け（レーティング）する民間の第三者機関や判断する基準づくりを検討するため「青少年を取り巻く有害環境対策に関する調査研究」に乗り出している。二〇〇一年度予算として約三五〇〇万円を計上した。米国でのレーティングや国内での自主規制の実情を調査し、二〇〇一年一二月に報告書をまとめる。

文科省が調査研究の柱として二〇〇一年六月一五日に設置したのは、有識者らで構成する「協力者会議」＝赤堀侃司座長（東京工業大学大学院社会理工学研究科教授、委員七人）。そして調査研究の中心は米国への調査団の派遣である。

石川利勝氏（日本PTA全国協議会マスメディア調査委員会委員長）▽猪股富美子氏（翻訳家）▽坂元章氏（お茶の水女子大学大学院人間文化研究科助教授）▽佐々木輝美氏（独協大外国学部教授）▽田澤正稔氏（東京放送編成考査局長）の五人が、七月二二日〜二九日の間、民間放送局でつくる全米放送事業者連盟（NAB）や米連邦通信委員会（FCC）のほか、番組のレーティング活動などを行なっているNPOを訪問した。

レーティングの対象となるのは、当初は最も影響力が大きいとみられる地上波の全国放送番組だが、その後はインターネットやゲームコンテンツにも対象を広げていく、という。

同省は既に一九九八年度から二〇〇〇年度までの三年間の継続事業として有害なテレビ放送番組に関するモニタリング調査を日本PTA全国協議会を通じて実施している。

並行して、青少年に悪影響を与える恐れがあると判断した一部の番組については、スポンサーに対して広告出稿の自粛を求めるなどの申し入れを行なっている。そして番組の一部コーナーを中止させたりするなどの「成果」を挙げているという。

## 文相が民放連に自粛要請

さらに、町村信孝文相（当時）は文部大臣として初めて、日本民間放送連盟（民放連）に対して青少年に有害な番組制作と放送の自粛を要請した。

民放連会長の氏家齊一郎・日本テレビ社長（当時）＝右＝に、青少年に有害な番組制作・放送の自粛を要請する町村信孝文相（同）＝2000年12月15日、東京・赤坂のホテルで

二〇〇〇年一二月一五日に、町村文相は、民放連の氏家齊一郎会長（日本テレビ社長、当時）と東京都内のホテルで懇談した。町村文相は、民放連のほか、これと前後して映画やゲーム関係団体に対しても同様の要請を行なった。

## Chapter 4

# 東京都青少年健全育成条例

### 東京都も改正青少年健全育成条例

自民党の青少年社会環境対策基本法案の石原慎太郎都知事版と言われるのが改正された「都青少年の健全な育成に関する条例（都青少年健全育成条例）」だ。犯罪を誘発する恐れのある図書に関しても販売規制できるようにしたことがその骨子。既に二〇〇一年七月一日に施行している。

その経過はこうだ。

東京都は二〇〇一年二月に、一八歳未満の青少年に有害な出版物などの販売規制の強化を内容とした都青少年健全育成条例の改正案を都議会に提出した。改正案は、三月二九日に都議会本会議で賛成多数で成立した。文教委員会（村松みえ子委員長、一三人）では、同月二一日に質疑を行なった。一部の委員からは、改正案の運用に関し、表現の自由を不当に侵害することがないように求める意見も出たが、反対意見もなくわずか一回で委員会での質疑を終了し、同月二三日には、全会一致で可決した。

都青少年健全育成条例は、次のような条項が追加された。該当部分を抜粋してみる。

第三章　不健全な図書類等の販売等の規制

第八条（不健全な図書類等の指定）

知事は、次の各号に掲げるものを青少年の健全な育成を阻害するものとして指定することができる。

一　販売され、若しくは頒布され、又は閲覧若しくは観覧に供されている図書類又は映画等で、その内容が、青少年に対し、著しく性的感情を刺激し、甚だしく残虐性を助長し、又は著しく自殺若しくは犯罪を誘発し、青少年の健全な成長を阻害するおそれがあると認められるもの。

改正条例では、都が指定する一八歳未満への販売が規制される「不健全図書類」に関し、現行の「性」や「残虐性」に加え、「万引き」「窃盗」「薬物犯罪」などの犯罪手口を詳細に記述した、「自殺や犯罪を誘発する恐れ」のある書籍に関しても指定できるようその理由に追加した。

そもそも東京都が改正に着手したのは、一八歳未満の青少年の育成に悪影響を与えるとして社会問題となった自殺方法の紹介本『完全自殺マニュアル』（太田出版）に関し、都が青少年健全育成審議会に対し、同条例に基づく「不健全図書類」に指定を求める諮問を一九九九年度に見送ったことがきっかけだ。

同書は一九九三年七月に発売されてから、二〇〇〇年三月までの間に神奈川、岡山など一二県が「有害図書」として指定している。しかし、都の条例では性表現や暴力表現の観点からの指定を規定しているために有害図書の指定はできなかった。

これに対して、同審議会が都に対して条例見直しを求める異例の見解を公表。これを受け都は、二〇〇〇年五月に青少年問題協議会（会長・石原慎太郎知事）内に専門部会を設置し、条例改正に着手。同協議会は、都に対して、同年一二月二〇日に条例改正を求める答申「メディアを中心とした社会環境の変化と青少年の健全育成」を提出した。改正案はこの答申に基づいてつくられた。

しかし、改正案は、「誘発する恐れ」など条文の文言があいまいであることなどからその乱用を懸念する声も少なくない。

「不健全図書類」の指定は、都青少年健全育成審議会が都知事に答申する仕組み。委員を務める清水英夫・青山学院大学名誉教授は二〇〇〇年一二月八日、都内で開かれた講演会で、審議会メンバーに行政関係者や議会関係者が含まれている点を指摘し、「審議会が十分なチェック機能を果たすとは思えない。今回の指定理由の追加によって、乱用の可能性が出てくるだろう」との懸念を表明。答申に疑問を投げかけた。

また、都知事が会長を務める協議会が都知事に答申するという客観性が疑問視される機関で答申が策定された点も見逃せない。

東京都青少年健全育成条例の改正を求める答申書を福永正通副知事（都知事代理）＝左＝に渡す阿部謹也・都青少年問題協議会副会長（共立女子大学長）＝2000年12月20日、東京・西新宿の都庁で

これに対して、答申の実質審議を担当した専門部会長の深谷昌志部会長（東京成徳短期大教授）は答申に当たり、「自主規制を尊重し、規制は可能な限り最小限にした。答申の全体を読んでもらえば表現・出版の自由を不当に侵害することはないと理解してもらえるだろう」とコメント。都の郡山学・青少年課長も「答申は青少年への販売規制を目的としており、出版そのものを禁止しているわけではない」と反論しているのだが懸念は大きい。

### 宝島社が都を相手に違憲訴訟

出版物の大消費地であり、出版社が集中する東京での規制強化の影響は極めて大きい。メディア側からも都青少年健全育成条例に抵抗する動きも出てきている。

出版社の宝島社（東京都千代田区）が二〇〇〇年一一月二九日、都を相手に同社のパソコン関連の月刊誌二誌計四点を同条例の「不健全図書類」に指定したのは、表現・出版の自由を保障した憲法二一条に違反するなどとして、指定取り消しを求める訴えを東京地裁に起こした。

同条例の違憲性が初めて問われることになった。

訴状などによると、都は二〇〇〇年、宝島社が発行するパソコン月刊誌『DOS／V USER』の九月号、一〇月号、一一月号と、同「遊ぶインターネット」の一〇月号、一一月号、一二月号の六点に付属しているCD‐ROMに収録されたアダルト映像を同条例の定めた「著しく性的感情を刺激する」図書に当たると判断し、不健全図書類に指定した。

これに対して宝島社は「指定処分の根拠となった条例は『著しく性的感情を刺激し』とあり、きわめて漠然不明確な構成要件だ。明確性を定めた憲法三一条にも違反する」などと主張し、指定取り消しを求めている。

一方、都側は二〇〇一年一月二三日の第一回口頭弁論で「不健全図書類指定は、特定個人の権利義務に影響を与えるものではなく、雑誌というモノに対する指定だ。原告には訴えの利益はない」として、棄却を求めた。

最高裁は、岐阜県の自動販売機業者が同県の青少年保護育成条例を違憲だとして訴えた裁判で一九八九年九月に合憲の判断を示している。このため、都側は勝訴に自信を持っている。

## 業界は自主規制強化に乗り出す

日本雑誌協会や日本書籍出版協会など業界団体で構成する出版倫理協議会と、出版倫理懇話会は二〇〇一年七月、一八歳未満の青少年に有害な性や暴力表現が含まれる雑誌・書籍に自主的に識別マークを張り付ける新たな制度の導入を決めた。不健全図書類に指定された雑誌・書籍を書店やコンビニエンスストアの店頭で区分陳列することを義務づけた都の改正青少年健全育成条例の施行(二〇〇一年一〇月一日)を受けた形。

また、識別マークを付けるかどうかを判断するため、学識経験者らで構成する第三者機関「出版ゾーニング委員会」=内田剛弘委員長(弁護士)=を設置(二カ月に一回開催)し、二〇〇一年九月一〇日に初会合を開いた。

内田委員長は「青少年健全育成問題に対し、社会的にも深刻な状況を考えると、出版界も新たな自主規制を迫られてきたといえる。ゾーニング委員会はそうした出版物の区分陳列をより促進するために設けられたのであり、十分な成果が上がるよう努力していきたい」との談話を発表した。

同委は、同年一一月二六日の会合で初判断を示し、識別マークをつけることを当該出版社に要請する。要請に従わない場合でも出版社に対しては、ペナルティーなどを科すことはないが、同委の判断結果は公表する。

出版ゾーニング委員会事務局によると、要請対象となる雑誌・書籍は、都条例よりも広くなりそうだという。

一方、都は二〇〇一年七月、都青少年健全育成条例を改正するきっかけとなった『完全自殺マニュアル』を、「不健全図書類」に指定することを見送った。既に出版・流通側が自主的にビニール袋で包んで販売するなど一八歳未満が容易に入手できない方法での販売措置を講じているためだ。

ある業界関係者は「萎縮効果が最も危険だ」と改正条例の運用に懸念を示している。

# 3

# 個人情報の漏えいと個人情報保護法案

## Chapter 1

# 個人情報が勝手に売買

インターネット上に個人情報が無断で流出する被害が後を絶たない。政府が個人情報保護法案を策定した背景には、社会全体のデジタル化、IT化が加速する中で、情報の流出量も従来と比べて大量化、被害範囲も広域化している実態がある。

政府が法制化の方針を固め、検討を開始した一九九九年は、どんな個人情報の問題が起き、何を議論していたのか。

当時の個人情報保護問題の周辺を振り返ってみたい。

### 利用される個人情報

ある大手不動産会社の営業マン（三三）の一日は、会社が購入した学校の教員名簿を開くことから始まる。東京近郊と都心を結ぶ私鉄沿線に建設した新築マンションを販売するための顧客探しに利用するためだ。何故、教員名簿を利用するのか。「小中学校や高校の先生は、民間企業の社員と比べて転勤が少ない。仮に異動があっても近い場合が多く、自宅を購入したいという潜在需要は大きい。また夫婦が共に教員であるケースも多く、経済的に比較的余裕のある層が集まっている」と理由を明かす。このため契約率も高い、というのだ。

教員に次ぐ狙い目の客層は、秋葉原でパソコンを購入した顧客だ。資金に余裕があるワンルームマンションの購入層と不思議にも合致するのだという。この不動産会社では、教員に限らずさまざまな分野の名簿を定期的に購入している。

営業マンが、この名簿を利用して訪問しても客の反発は意外に少なく、怒りのほこ先はむしろ販売する「名簿屋」や名簿を流したとみられる社内関係者に向けられるという。

インターネットの爆発的な普及に伴い、これらの個人情報はバナー広告にも活用されるようになってきた。パソコンのブラウザー上に、ユーザーの趣味や好みなどに合わせたバナー広告が表示されるシステムだ。特にアクセス件数の多い検索サイトなどで採用されている。

例えば、ドライブに関心のあるユーザーなら車の新車広告などだ。このシステムを開発した米ダブルクリックは「広告主にとっては、特定のユーザーに狙いを絞った広告掲載が可能になる」とネットならではのメリットを強調する。このシステムを有効に機能させるには、企業にとって、アクセスしてきたユーザーがだれであるかを認識するために個人情報の蓄積が必要となる。

ある企業のシステム担当者によれば、プレゼント企画を矢継ぎ早に実施し、氏名、住所、電話番号などの記入を誘う仕掛けが重要なのだ、という。

企業には大量の顧客の個人情報が日々蓄積されている。名簿業者に持ち込まれる情報は、フロッピーやMO（光磁気ディスク）、CD‐Rに収録されているケースが近年は増えているという。

前出の不動産会社では、マンションのモデルルームに訪れた顧客リストは同じ資本系列の別の不動産販売会社でも活用している。

そして、政府が検討部会を設置するなど個人情報の利用が規制されるのを見越したいくつかの工夫も既に始めたという。

具体的には、本人に無断で別会社に顧客リストを提供したことが違法とならないよう、これまではモデルルームを運営する会社が顧客に記入してもらっていたが、グループの他企業も活用できるように配慮し、ジョイントを組んで収集する手法に切り替えたという。

そうすれば、建前上、複数の会社が共同で当事者として個人情報を取得していることになり、法に触れることなく、さらにいちいち顧客の同意を得る手間も省ける、というのだ。

さらに、この不動産会社の営業マンは言う。

「我々が買う限り、個人情報に対する需要は、なくならないだろう」

教材購入の勧誘電話。子供の出産や入学、就職などさまざまな記念日を狙い撃ちするかのように頻繁に舞い込むダイレクトメール。電子メールでの勧誘。

「どうやって住所が分かったのか」

こうした不動産業者が存在する限り、消費者の疑問が消えることは当分なさそうだ。

## 摘発困難な個人情報売買

一九九九年八月二七日の東京・永田町にある総理府（現・内閣府）地下講堂。警察、郵政、自治省など各省庁の情報管理部門担当者が集められた。政府の高度情報通信社会推進本部（本部長・小渕恵三元首相）＝現・情報通信技術（ＩＴ）戦略本部＝が設置した、個人情報保護の法制化を検討する部会の会合だ。

座長は、情報公開、個人情報保護法制の研究で知られる堀部政男・中央大法学部教授（情報法）。部会は学者、経済界、弁護士、消費者団体と各層の代表者一四人で構成。この日は、各省庁に対して個人情報保護の取り組み方についてのヒアリングが行なわれた。

ヒアリングでは、警察庁担当者の報告が特に注目を集めた。委員の一人が席上「明らかに個人情報が流出しているのに、現行法上、検挙できなかった例はあるのか」と質問。

これに対して、担当者は「マタニティー専門の通信販売業者から妊婦一万数千人分の出産予定日リストが流出した事例がある」と即座に回答した。

一九九九年七月、大阪市中央区の幼児用教材の訪問販売会社社員（三九）が、売買契約を結んだ主婦からの解約の申し入れに応じず、逆に主婦を脅し訪問販売法違反の疑いで逮捕された事件だ。

警察が訪問会社を捜索したところ、近畿地方の妊婦一万数千人分の「出産予定日リスト」が見つかった。京都の名簿業者から購入したものと分かったが、名簿業者の摘発には至らなかった。個人情報の無断売買は、今の法の網の中では違法性が見つけられないからだ。

## 流出元の多くは内部関係者

「あなたの持っている名簿がたちまち現金に早変わり」「高額買い受け」などの宣伝文句がホームページに並ぶ。個人情報を売買する名簿業者のウェブサイトだ。

最近では、電子メールを使ったダイレクトメールも一般化してきた。そのための電子メール・アドレス売買を行なう業者も生まれた。ある業者は、個人情報保護法案が国会に提出されることを意識してか、「法律が施行されると勝手に売買できなくなる。購入するならいまがチャンスだ」とアドレスの早期購入をあおる勧誘メールまで出す始末だ。

こうした名簿業者に持ち込まれる名簿類のほとんどが、ユーザー自身がどこかで記入した情報といわれる。名簿流出は、社員名簿、同窓会名簿、学校のクラス名簿など知り合いともいえる人が漏らす例から、ネット上のプレゼント付きアンケートや通信販売時のカタログ請求書などを基に企業が作成する場合とさまざまだ。

もちろん、役所で住所、氏名、性別、生年月日の四情報が載った住民基本台帳を閲覧して大量入手する従来通りの方法も多く用いられている。住民基本台帳法で台帳は、原則公開であることが決められていて、合法的に個人情報を収集できる。

あるネットワークセキュリティー会社によると、情報漏えいはコンピューターネットワークへの不正アクセスよりも、会社に恨みを持ったり、金に困っている内部の関係者などによる持ち出しが圧倒的に多い。ハッカーが不正侵入し、企業内の重要な情報を盗み出す被害は少数派だ。

このため、社員によるアクセス権限の悪用、情報の不正入手を阻止するシステム構築の依頼が企業からこのところ急増しているという。社員のアクセスログ（通信記録）を管理することで、万一の際の「犯人探し」に利用しようというわけだ。

一九九八年一月に発覚したさくら銀行（当時）の顧客データ流出事件では、同行のシステム開発に携わった外部の業者が持ち出し、名簿業者に二〇万円で売却した。一九九九年五月に露呈したNTT職員による電話加入者の個人情報流出事件では、全国の電話案内データベースにアクセス権限を持つ職員が無断で引き出し、約九〇万円で売っていた。二〇〇一年八月には、小田急百貨店の三八万人分の顧客名簿が社員に持ち出され、信用調査会社に一五七万円で売却された。

これらの事件は明らかに情報を盗み出した行為だが、刑法の窃盗罪では検挙できず、情報の漏えい行為そのものはいずれも違法とされなかった。高島屋システム部係長が顧客データ五〇万人分を盗みだし、業者へ五〇万円で売却したことが一九九八年二月に分かった例では、懲戒解雇しただけで警察に届け出もしなかった。

次に、NTT職員による電話個人情報流出事件を詳しく追ってみたい。具体的にはどんな経路で個人情報は持ち出されるのだろうか。

この事件は発覚後、野田聖子郵政大臣（当時）が「非常に残念。事実関係が明らかになった時点で指導を行ないたい」と述べ、同省が異例の調査に乗り出す事態にまで発展している。

## NTT加入者情報を一件五〇〇〇円で販売

一九九九年六月二三日。東京・霞ヶ関の東京地裁。ある法廷の傍聴席でいつまでも泣き崩れる女性がいた。

法廷の扉に張り出された事件名は「毒劇物取締法、麻薬及び向精神薬取締法違反事件」。

被告は、元京都大学工学研究科院生（三二）だ。

裁判長はこの日、元京大院生の犯した薬物販売行為を「性犯罪、昏睡強盗など重大な犯罪に悪用されかねない。一般予防の観点からも厳正な処罰が必要」と厳しく断罪し、懲役一年六月、罰金二〇万円、追徴金二五万円（求刑懲役二年六月、罰金二〇万円、追徴金二五万円）の実刑判決を言い渡した。

元京大院生は、法廷を後にする直前、初めて傍聴席に視線を向けた。ある女性を見つけると「ごめんな」とやっと届くような小声で呼び掛けた。その瞬間、女性は傍聴席にうずくまった。

女性は、元京大院生の妻だった。元京大院生は、不倫関係にあった愛人との遊ぶ金ほしさに、研究室にあったクロロホルムなどの毒劇物や向精神薬を持ち出しインターネットで売りさばいた末、一九九九年二月に警察に逮捕され、大学からも追われた。元京大院生は、法廷内の被告用出入り口付近で再び傍聴席を振り返ったが、手のひらで顔を覆ったままの妻はそれに気付くことはなかった。

インターネットという仮想社会を舞台にした「京大院生ネット毒物販売事件」は、毒劇物取締法、麻薬及び向精神薬取締法の適用はもちろんのこと詐欺、NTT法違反（贈収賄）、強姦未遂罪などさまざまな罪状が並ぶ大事件に発展した。

そもそもこの事件が明るみに出たのは、埼玉県の会社員の男（二九）が強姦未遂の疑いで警視庁志村署に逮捕されたことがきっかけだ。

男は一九九八年一〇月二〇日未明に東京都板橋区で、元同僚の女性（二八）の自宅に忍び込んで暴行しようとした。

犯行時にかがせようとして使ったのが麻酔薬のクロロホルム。捜査は当然入手経路の特定にも及び、男はクロロホルムを病院などから盗んだのではなく、「裏道」と名付けられたホームページを通じて同年一〇月上旬にクロロホルム一瓶（五〇〇CC）を三万円で購入していたことが分かった。ここで、薬物売買を行なうホームページの存在が浮かび上がった。

〝裏道〟は、米国サンタモニカに本社を置く、インターネット接続プロバイダーのホームページサービスを利用して開設されていた。クロロホルムは、京都市内の郵便局から小包で郵送されていた。

警視庁は、男がクロロホルムの代金を振り込んだ銀行口座から現金を引き出す際に映した防犯カメラの映像や、米捜査機関にプロバイダーとの契約者情報に関して照会した結果、京都大学工学研究科院生を割り出し、翌九九年二月九日に毒劇物取締法違反（無許可販売）の疑いで逮捕した。

この銀行口座は宇都宮市に実在する会社員の男性（四二）名義で開設されていた。銀行口座には、総額一〇万円の振り込みがあった。

京大院生は、一九九七年ごろから、大学の研究室からクロロホルムや向精神薬などの毒劇物を無断で持ち出してネットで販売していたが、ほかにも通帳や印鑑、キャッシュカードをセットにした架空の銀行口座を数万円で販売していた。この京大院生を追及したところ「（代金を振り込ませていた）架空口座はインターネットで購入した」と供述した。

警視庁は一九九九年三月一七日、京大院生に架空口座を販売していた宇都宮市の男（二五）を銀行口座の開設に必要な健康保険証を不正に入手していたとして詐欺容疑で逮捕した。

この男は、一九九八年五月に宇都宮市の社会保険事務所で架空の旅行会社名義で一〇人分の被健康保険資格届を提出し、一〇通をだましとった。これをこの男が開設したホームページで販売していた。京大院生は、このホームページを見て保険証を入手、東京都内の銀行に他人名義の口座を開設して代金の決済に利用していた。

一九九九年三月になると、京大院生の「裏道」を仕入先として毒劇物をネットで再販売していた名古屋市のピアノ調律師（二九）が、毒劇物取締法違反（不法所持、販売）と麻薬及び向精神薬取締法違反（同）の疑いで千葉県警に逮捕された。京大院生も同罪で再逮捕となった。

ピアノ調律師は一九九七年一一月、向精神薬のペントバルビタール一瓶（約五〇ＣＣ）を京大院生から一三万円で購入していた。二人は同年九月ごろにインターネットを通じて知り合ったという。

このピアノ調律師は、静岡県の男性が運営していたアングラ情報などを提供するホームページの会員となり、クロロホルムやペントバルビタールなど幻覚、幻聴作用のある薬物の販売広告を行なうなどして、神奈川県など七都道府県の男性一三人に転売していたらしい。

そして、ピアノ調律師とＮＴＴ職員はここでようやく結びつく。

ピアノ調律師は、毒劇物のほかにＮＴＴ職員を通じて、非公開の電話加入者情報を入手し、ネットで販売していたことが判明。事件は、ピアノ調律師の逮捕をきっかけにＮＴＴ職員による、贈収賄事件にまで拡大した。

電話番号帳で非公開となっている電話番号や氏名などの個人情報を外部に漏らし、見返りに現金数十万円を受け取っていたとして千葉県警は一九九九年五月一〇日、兵庫県高砂市米田町のＮＴＴ神戸支店姫路営業支店職員（三七）を日本電信電話会社法（ＮＴＴ法）違反（収賄）の疑いで逮捕。さらに、ピアノ調律師と、兵庫県の会社員（三二）を贈賄容疑で逮捕した。

元ＮＴＴ職員は一九九七年六月二七日ごろから九九年一月三〇日ごろまでの間、ピアノ調律師から電話番号から住所、氏名などを割り出すよう調査依頼を受け、一七五〇件以上の個人情報をNTT姫路営業支店お客様サービス部内のコンピューター端末から引き出して提供。その見返りとして三一回にわたり八九万三〇〇〇円を受け取っていた。

ピアノ調律師は一件当たり五〇〇〇円で販売していた。

千葉地裁は一九九九年九月二八日、元NTT職員＝懲戒解雇＝に求刑通り懲役二年、執行猶予四年、追徴金八九万三〇〇〇円を言い渡した。

また、ピアノ調律師には、懲役二年六月、罰金一〇〇万円、追徴金二〇万円（求刑・懲役四年、罰金一〇〇万円、追徴金二〇万円）の実刑判決を言い渡した。

## NTT幹部「最後はモラルの問題」

NTTは個人情報流出事件をきっかけに、顧客情報データベースシステム「カスタム」に対する監査ログシステムを導入した。しかし、その後も情報漏えいは後を絶たない。

このログを解析した結果、東日本ではNTT分割後の一九九九年一〇月に四人を処分。さらに翌二〇〇〇年二月と七月にも社員による漏えいが発覚している。

NTTは、そのたびに会見で「再発防止に努める」と繰り返すものの打つ手がないのが実情のようだ。

ＮＴＴ職員による情報漏えいの事実を謝罪するＮＴＴ東日本の山口隆彦・取締役お客様サービス部長＝2000年7月31日、東京・大手町で

ＮＴＴ東日本の山口隆彦・取締役お客様サービス部長は、二〇〇〇年七月三一日の会見で「原因は最終的には社員の（モラルの）問題に行き着く」と改めて述べるなど、成果は上がっていない。

一九九九年は、個人情報の流出が相次ぎ社会問題化した。

複数のＮＴＴ関係者による流出事件が明るみに出たほか、ＮＴＴドコモ、ＤＤＩポケット（当時）、東京デジタルホン（当時）など他の通信事業者による事件も発覚した。

こうした、電気通信事業者の従業員による相次ぐ個人情報の流出問題は、民間部門を対象にした個人情報保護法の制定を求める声を高めるとともに、総務省（旧郵政省）の「電気通信分野における個人情報保護法制の在り方に関する研究会」が二〇〇〇年一二月にまとめた「最終報告書」でも、電気通信分野を対象にした個別法整備の方針を打ち出すなど法制化に強い影響を与えた。

## 名簿売買は適法

一九九九年八月の政府の検討部会での論議に戻る。

警察庁は検討部会の会合で、犯罪に絡んだケースでも名簿売買が違法でない限り、摘発が困難な現状を訴えた。警察は、さくら銀行のケースは業務上横領、NTTのケースではNTT法違反（贈収賄）を適用して、有罪に持ち込んだ。しかし一方で、さくら銀行や高島屋など個人情報の正当な所有者が無断で売却しても罪には問われない現実が存在している。

警察庁は、個人情報が流出したり犯罪に悪用された事件は、一九九七年以降九九年夏までに全国で一二件にのぼっていることを部会に報告した。

警察が摘発した主な個人情報流出事件には、この他に次のような例がある。

◆東京の経営コンサルタント会社社長らが一九九五年から九七年の間、他人名義で福島県で貸金業登録を行ない、貸金業協会に加入。全国信用情報センター連合会（貸金業者約四二〇〇社加盟）の保有する顧客の債務状況などの個人情報を不正に盗み、他人に売却。社長ら三人を私文書偽造・同行使と詐欺の疑いで逮捕。貸金業規制法違反（不正貸金業登録）の疑いでも追送検（宮城県警、九七年三月）。

◆京都府宇治市の乳幼児検診システムに携わった大阪市北区の情報処理会社でアルバイトをしていた元大学院生が、住民基本台帳を基にした住民二一万件のデータをMOに収録して大阪府堺市の名簿業者に約三〇万円で売却した。元大学院生を「宇治市電子計算機組織に係る個人情報に関する保護条例」違反容疑で送検（京都府警、一九九九年七月）。京都地検は不起訴（同年一二月）。

## 「民間部門にも個人情報保護法を」政府部会委員

政府の個人情報保護検討部会は、九九年九月二一日から、個人情報保護をめぐり民間事業者からのヒアリングを開始した。検討部会委員の加藤真代・主婦連合会副会長（当時）はこの中で「民間部門を対象に、罰則も伴う包括的な保護法制定が必要だ」と声を大にした。

国民生活センターにもさまざまな被害の相談が寄せられている。インターネット情報に関する苦情が初めて届けられたのは九五年。

「ネット上に氏名・勤務先・住所を公表した後、注文した覚えがない商品を送りつけられた」「クレジットカード番号が盗用され、覚えのない商品代金を請求された」……。

個人情報を公開されたり、ひぼう・中傷されたり、パスワードやクレジットカード番号等の盗用・悪用で経済的被害を受けた相談も九六年度一四件、九七年度三七件、九八年度一一一件と増加する一方だった。

### 個人情報保護法にかたずをのむ産業界

個人情報保護法の動きを見守るのは、プライバシー問題に敏感な市民ばかりではない。むしろ産業界こそかたずをのんでいる。

インターネットを介した電子商取引（ＥＣ）では、ネット関連ベンチャー、米ダブルクリックに限らず、個人情報の利用は不可避だ、と言っても良い。

これに、法の網が被せられるわけで、ＥＣの爆発的普及一歩手前の産業界が、無関心でいられるはずがない。政府の個人情報保護検討部会が本格的な検討に入る中、産業界は「ＥＣの萎縮」を懸念し、身構えている。何が使えて、何がだめなのか。果たして線引きは、可能なのだろうか。

### ニフティの場合

「@nifty」（アット・ニフティ）。

一九九九年一一月一日、富士通のインターネット情報サービス「インフォウェブ」を統合し、会員数三五〇万人を抱えるメガ・プロバイダーとしての第一歩を踏み出した。

それに先立つ同年一〇月一日、旧「ニフティサーブ」の会員規約の一部が改正された。会員の個人情報をECに活用できるよう明記、九月には大手プロバイダーとして初めて会員の個人情報保護規定を策定。その範囲内でフルに活用することにした。

同年一〇月二日に、東京・池袋で個人情報保護法問題を考えるシンポジウムが開かれた。パネリストとして出席したニフティの担当者は規約改正に触れ、「コンテンツ開発など会員サービスの向上に役立てたい」と、ECサービスの説明に力を込めた。

この発言を、「異質」と受け止めた参加者は決して少なくない。シンポジウム終了後、担当者に詰め寄って真意を確かめる参加者もいた。

ニフティはこれまで、直接サービスを除いて個人情報の利用を原則的に避けてきた。規定がなかったのだ。「ないということは、活用しないとも読めるから」（ニフティ）だ。

もちろん、会員にも望まない声が少なくなかったのは、言うまでもない。それでもなお、保護規定を設け、規約を改正したのは、EC市場拡大が加速していることが背景にあった。

会員規約には、個人情報の収集目的外利用の例外として、次の文言が加えられた。

「ニフティ、またはニフティの業務提携先等の広告宣伝のための電子メール等を送付する場合」

ニフティが所有する個人情報は入会時に書き込む住所、氏名、生年月日、性別、電話番号、クレジットカード番号、勤務先、緊急時の連絡先の八件。

これに、会員が加入する電子会議室（フォーラム）や購読する電子メールマガジンに関する情報なども加わる。

これらのデータを基に、ターゲットを絞った宣伝メールの会員送付、個々の会員のプロフィール分析による新規サービス開発など、さまざまな業務に活用したい考えだ。

「個人情報の利用と保護はインターネットビジネスの両輪だ」

ニフティは、そうにらんだ。

## 根強い産業界の慎重論

「大企業の中には民間部門の個人情報保護法を作るべきだという意見は意外に多い。利用可能な個人情報の範囲が明確になるからのようだ。」。通産省（当時）幹部は産業界のスタンスを、こう説明した。

一般にＥＣサイトと呼ばれるホームページには、個人情報の記入を求める空欄が次々に現われる。住所や氏名、電話番号、趣味はもちろん、なかには年収や学歴情報まで入力しないとサービスを利用できないものもある。

顧客の顔色をうかがいながら購入を勧める現実空間の対面販売と異なって、ネット販売で可能な客の値踏みは、ユーザー自身が書き込む個人情報に頼るしかないのだ。

根掘り葉掘り……プライバシー侵害と受け取られかねない項目には、そんなわけがある。

通産省の試算では一般消費者のEC市場だけで一九九八年から二〇〇三年までの六年間で、六五〇〇億円から三兆一六〇〇億円に急拡大すると見込まれた。企業にとってEC事業展開は、生き残りをかけた競争とも言え、頼りは「営業ツール」として、のどから手がでるほど欲しい個人情報なのだ。

経済団体連合会（経団連）は一九九九年七月に「電子商取引の推進に関する提言について」と題した報告書をまとめている。「電子商取引は活力ある日本を取り戻すためのツールだ」と位置付け、政府が率先して必要な環境整備を行なうことを求めている。その中にはもちろん個人情報について「必要最低限の法的枠組みの構築」も盛り込まれた。

だが、ある大手コンピューターメーカーの幹部は「ルール作りは必要」とする一方で、「法律であろうとガイドラインであろうと、コストのかかる過度な規制は困る」と検討部会の動きをけん制する。

こうした産業界の雰囲気を反映してか、報告書は「消費者の不安感を払拭する目的の範囲内で必要最低限の公的整備をすることが求められる」と、あいまいな表現にとどまってしまった。

## 検討部会委員の心境は「ハムレット」

郵政省（当時）や通産省（同）が業界向けの個人情報保護に関するガイドラインの策定にあたっ

て下敷きとしたものには、経済協力開発機構（ＯＥＣＤ）が情報主体（本人）の同意などの収集制限や目的外利用の制限などを定めた「八原則」のほかに、欧州連合（ＥＵ）が一九九五年に規定した「個人データ保護指令」もある。

第二五条「第三国への個人データの移転の原則」で、「個人データの第三国への移転は、この指令に従って採択された国内規定の順守を損なうことなく、当該第三国が十分なレベルの保護措置を確保している場合に限って行なうことが出来ることを定めなければならない」と明記した。

どういうことかと言えば、「個人情報に対する十分なレベルの保護が確保されていない第三国」に対して、そのデータの移転を禁止する内容を含んでいる。例えば日本がこれに該当するとみなされた場合、欧州で行なった事業に付随して収集した顧客情報は、日本国内に持ち込むことができなくなる恐れもあるのだ。

国境のないインターネットビジネスを行なう企業にとって由々しき問題にもなりかねない。政府の個人情報保護検討部会のある委員が悩ましげに言った。

「規制が強過ぎれば自由な経済活動を阻害しかねない。かといって、中途半端な法規制では国際的な批判が起きかねない……」

板挟みに頭を抱えるハムレットのような日々が続く。

## Chapter 2

# 早大が名簿を警察に無断提供

早稲田大学（奥島孝康総長、東京都新宿区）が外国要人の講演会を学内で開く際に、参加者名簿を本人に無断で警備当局へ提供していたことが一九九九年に明るみに出ていた。この問題は、早大が学内の保護規則を無視したうえ、学生ら本人に無断で行なっていたという点で、個人情報保護の在り方とは何かということを投げかけた。さらに、大学当局が警察に学生情報を提供するという姿勢が大学の自治という観点からも問われた。大学における個人情報保護の問題をここでは考えてみたい。

### 江主席講演会の参加希望者一四〇〇人分

二〇〇〇年一月。早大のある関係者は、早大が発行している学内広報紙「早稲田ウィークリー」の新年第一号（一月六日発行）を手にした瞬間、目を疑った。

新年を迎えた最初の号は、総長の抱負や新千年紀をにらんだ大学の将来像をアピールする特集が組まれるものだ。しかし、二〇〇〇年はどういうわけか違っていた。トップページには、前年末に発覚した外国要人を招いた講演を大隈講堂で開く際に、参加者の氏名などを記載した名簿を一〇年以上にわたって警備当局などに無断で提出していた問題に対する大学当局の「釈明」が大きく掲載されていた。

奥島総長のあいさつさえなく、この関係者は「早大当局はこの問題で、相当混乱しているようだ」と打ち明ける。

特集が組まれたのは、毎日新聞が一九九九年一二月一日付朝刊で「早大、警察に名簿を提出、本人の了解取らず」との見出しでトップで報道した記事をきっかけに学内外から高まった批判が背景にあることは間違いない。

早大の名簿提供問題とはこうだ。

早大は一九九八年一一月二八日に来日中の江沢民・中国国家主席を招いた講演会を大隈講堂で開いた際、警備当局をはじめ外務省、中国大使館などに対し、早大生・留学生計七〇〇人、教職員と一般招待者約七〇〇人計約一四〇〇人分の参加者名簿を本人には一切知らせずに無断で提出していた。

江主席講演会の参加者名簿には氏名や、住所、電話番号、学部・学年などを示す「学籍番号」のほか外部招待者に対しても同様に氏名や住所、電話などの連絡先が掲載されていた。

名簿は、参加者自身が記入した原簿に当たる。

講演会は事前登録制で、登録した学生は「入場証」の交付を受け、講演会の当日は入場証と学生証を提示することによって会場への入場を許可する仕組みとなっていた。

早大は、参加希望者に記入を求める際、入場時に警備の都合上、金属探知機の使用や手荷物検査が実施されることを告知したが、警備当局などへの名簿提出は知らせなかった。

これに対して、外務省中国課は「在日中国大使館、警備当局、早稲田大と外務省の四者で何度か会合を持ったが、名簿の話は出ていない。求めてもいないし、受け取ってもいない」と全面的に否定。その一方で、「早大は過激派学生が強い大学。事実、講演会当日、学生が垂れ幕を立て（訪日を）抗議する事態が起きた。警備当局がそういう事態を懸念して（名簿を）求めたとしても人権問題になるのだろうか」との見解を示している。

警備当局などへの名簿の提供は、江主席講演会だけにとどまらず、早大当局が認めただけでも一九八六年一一月のアキノ比大統領（当時）の講演会以降、九三年にはクリントン米大統領（同）、九四年の金泳三韓国大統領（同）の講演会など、大物要人の講演が行なわれるたびに繰り返し行なわれていた。

一方、早大は一九九五年五月に大学が収集した個人情報の目的外利用を原則として禁止する学内ガイドライン「個人情報保護に関する規則」を施行した。私大では比較的早い時期での取り組みで、規則は全六章二二条で構成。「個人情報の収集制限」（第五条）、「個人情報の利用制限」（第七条）で厳しい保護を明記している。さらに、自己情報の「開示」（第一二条）や「訂正・削除」（第一三条）

と言った当時としては、先進的な規定も盛り込まれている。また、不服申し立てを受け付ける機関「個人情報保護委員会」（第一五条）の設置も特徴となっている。

そして、早大教務課が一九九七年四月にまとめた「個人情報の保護に関する事務の手引き」では、警備当局を含めた公的機関からの照会に対して「照会には一切応じないとすることはできない」としながらも「あくまで例外的開示。（照会に応じたことを）個人情報保護委員会に届け出なければならない」と定めた。ところが、早大当局は自ら定めたこの手続きさえ経ていなかった。

文部科学省によれば、私立大学を対象とした個人情報の保護に関する法律やガイドラインはない。「ない」というのは、「大学の自治」を尊重し「作る必要がない」という意思も込められている。早大は他大への範とすべく先駆けて「規則」を定めたが、その高邁な精神を自ら踏みにじることになったわけだ。

### 早大当局「やむをえない措置」

早大は報道を受け一九九九年一二月一日午前、緊急記者会見を開いた。
会見には渡辺重範・常任理事、川辺信雄・広報室長ら四人が出席した。
早大側は準備した「講演会を円滑に運営していくためには警備当局に参加者名簿を提出することはやむをえない措置だった」とのコメントを集まった報道関係者を前に読み上げ、正当な行為をアピールした。

翌二日には、学生向けに会見とほぼ同様な内容とともに「個人情報の保護には十分配慮しつつ、今後もこのような講演会を開催していきたい」との見解を学内に張り出した。

その早大当局の見解を改めて釈明したのが冒頭の「早稲田ウィークリー」の記事だ。

「国賓等の講演会参加者名簿をなぜ提出したか」と題した記事によれば「大学が講演会を主催するが、外務省・警備当局・大使館等の複数の関係機関が当事者として運営にあたる。個人情報を収集された目的そのもののために使用し、個人情報保護規則は適用されない。参加者名簿を講演会の運営を担当しない、つまり当事者でない警備当局に提供したという関係ではない」と主張している。

回りくどい言い方だが、平たく言えば講演会は警備当局と一緒に開いたわけだから、「目的外利用にあたらない」と言いたいらしい。

「そもそも学生は警備当局に情報が渡ることを予想して自身で記入したと思う」

これは、担当部局の坂上恵二・学生部事務副部長（当時）が毎日新聞に答えた釈明だ。

事前に口頭や文書で告知しなくても警察も当事者と言えるだろうから、申し込んだ学生も警察に情報が行くことくらいは想像していたろう。だから問題ないじゃないか、という開き直りに近い態度だ。張り出しには、学生らへの謝罪の言葉一つさえなかったが、こういう認識であれば「何も悪いことをしていない」と考えて謝らないのも不思議ではない。

しかし、こんな非論理的な大学当局の説明に納得する学生は少ないようで、当然、大学への不信は学内に渦巻いた。

参加した早大三年生は「そんなこと知っていたら、講演には行かなかった」と憤る。講演会には出なかったが、就職活動で個人情報の記入を大学側から求められる機会が多いという第一文学部三年の女子学生（二二）は「うさんくさい団体ならともかく、大学を信頼しているから求められるまま提供してきた。裏切られた気持ちでいっぱいだ」と、不信感を募らせた。

講演参加を申し込んだ早大生六人は、一九九九年一二月一〇日には大学を相手に総額一九八万円の損害賠償を求める訴訟を東京地裁に起こした。

一方、批判の声は学生からばかりでない。教員の間からも上がった。

政治経済学部（堀口健治学部長）教授会は一九九九年一二月七日、教授会を開き、大学当局の責任の所在を求める異例の非難声明を賛成多数で決議した。この非難決議は、講演の円滑運営を理由に、「学内独自ガイドラインに抵触しない」とする当局の立場と真っ向から対立するものだ。

個人情報保護委員会委員でもある大浜啓吉・政治経済学部教授（行政法）は、大学当局の考えに対し、「そもそも大学が個人情報保護委員会に報告をしていないのは明らかに学内規則に違反している」と語り、委員でさえ「違反」を指摘しているのだ。その上で、大浜教授は「常識的に考えても警察に参加者名簿を渡すのなら大学当局は、事前に学生に説明しておくべきだったし、仮に規則に定めた手続きを経たとしても、警察に個人情報を渡すということの大学の姿勢に対する是非が問われる。（大学当局は）大学の自治を放棄していると思う」と主張する。

一方、規則を当局に無視され存在意義さえ問われ兼ねない個人情報保護委員会だが、招集者は奥島孝康総長の出身学部である法学部の牛山積教授（民法）。当初、「臨時委員会を招集し対応を考える」と取材に答えていたが、これまで個人情報保護委員会できちんと検討した形跡はない。

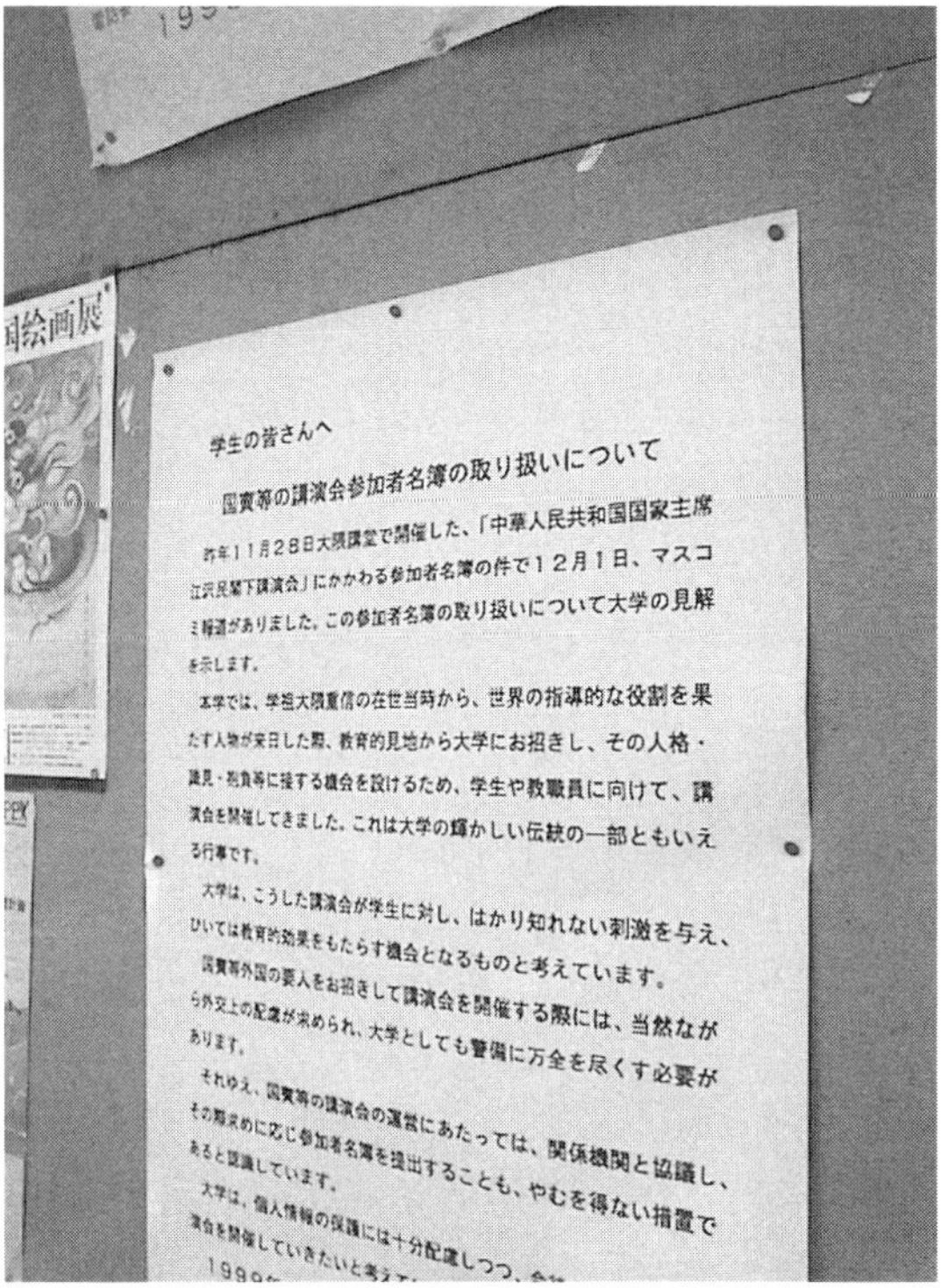

早大当局が学内に張り出した「名簿提供問題」に対する見解＝1999年12月2日、早大キャンパスで

個人情報保護問題に詳しい牧野二郎弁護士（日本弁護士連合会情報問題対策委員会幹事）は「本人の同意を得ず、無断で個人情報を警備当局に提供するのはプライバシー保護の観点から明らかに不当だ。学問の自由や大学の自治などを踏みにじった東大ポポロ事件（一九五二年）を連想させる。大学が個人情報取扱事業者に含ま

れるとすれば、早大の行為は利用目的を明確にしていないなど（個人情報保護法案では）違法となる可能性が高い」と指摘している。

## 乏しい人権感覚

江主席講演会開催の誘致競争はかなり激しかったようだ。こうしたケースではどれだけ政府や警備当局の要求に応えられるかが明暗を分けると言われる。

関係者によると、誘致運動を進めた都内のある大学では、早大と同様、警察から参加者名簿の提出を求められた。しかし、個人情報保護の観点から断り、講演会の実現をあきらめた、という。

現行法の「行政機関の保有する電子計算機処理に係る個人情報の保護に関する法律」（行政機関個人情報保護法）では、警察の持つ個人情報に対しては事実上、国民のコントロールは及ばない。

総務省は、二〇〇一年四月一八日に政務官の諮問機関「行政機関等個人情報保護法制研究会」（座長、茂串俊・元内閣法制局長官）を設置し、改正に乗り出した。しかし、同研究会の事務局が二〇〇一年九月三日に公表した「行政機関等個人情報保護法制の骨子（事務局素案）」によると、刑事事件にかかわる個人情報の開示・訂正請求、利用の停止請求は「前科などをチェックするシステムとなる危険性がある」として、今回も対象外となってしまった。

いったん、警備当局に渡った個人情報については自己情報の削除を求めたりすることは不可能で救済手段は、日本にはないと言い切って良い。

それだけに参加者名簿に掲載された学生らの個人情報の取り扱いには一層の慎重さが求められる。また、そもそもそれほど危険性が高い集会に無防備な学生らを集める大学の判断にも疑問が残る。早大による名簿の無断提供行為は現状ではただちに違法となるわけではない。早大は、余りに人権感覚に乏しいと言わざるを得ないし、大学の自治に対する識見もこの都内のある大学に遠く及ばない。立山紘毅・山口大経済学部教授（憲法、情報法）は「国立大学は独立行政法人化問題。私学も助成金の削減など大きな問題を抱え、大学間のいがみ合いは高まっている。早大の名簿提供問題のようなことが起きれば、適正に『自治』が守られているかを第三者が評価するオンブズマン制度の導入を求める声が出てくる恐れもある」との懸念を示した。

早大のように運用する当事者が個人情報を保護する意識が低くては法律やガイドラインを定めても絵に描いた餅に過ぎない。

この問題は、個人情報保護の観点だけでなく「大学の自治とは何か」などさまざまな観点から、問題を提起している、と言える。

## 早大「OECD八原則って何？」

二〇〇〇年六月一四日の東京地裁（加藤新太郎裁判長）の七〇六号法廷。被告は、早稲田大学。

原告は、無断で個人情報を警察に提供し、プライバシーを侵害されたと訴えた学生六人だ。

「ＯＥＣＤ（経済協力開発機構）八原則というのは、初めて拝見するので（原告側は）出典を示してほしい」

その瞬間、傍聴席のあちこちで、苦笑が漏れた。

「八原則」とは、既に説明したが一九八〇年にＯＥＣＤが出した「プライバシー保護と個人データの国際流通についての理事会勧告」を指す。

個人情報について、利用制限の原則、収集制限の原則、目的明確化の原則――などを定めた八項目にわたる国際的な基準だ。

個人情報保護法制の研究領域では憲法のような存在で、いわば「常識」に近い。もちろん、早大にも専門の研究者は多い。この八原則は、プライバシー侵害を訴える原告側の論拠の一つだ。

傍聴席から漏れた苦笑は、早大が一二人も訴訟代理人をそろえて裁判に臨んでいた割には余りにも初歩的な質問だっただけに、傍聴人から期せずして出たに違いない。

あっけにとられた原告側は「ごく普通の本屋でも手に入ります」と短く回答していた。

**東京地裁は学生側敗訴の判決**

一審判決は、二〇〇一年四月一一日に言い渡された。

この裁判では、参加者名簿に掲載された名前や住所などの個人情報がプライバシーとして法的保護を受けるかどうかや、個人情報の目的外利用を禁じた学内規則の個人情報保護規則に大学当局自身が違反しているかどうかなどが争われた。

加藤新太郎裁判長は「名簿を提供した行為はプライバシーの侵害にあたる」としながらも「原告らが被った不利益は抽象的なもの。警察への名簿の提出は、社会通念上許容されるので違法性は阻却される」と述べ、訴えを棄却する原告敗訴の判決を言い渡した。

判決は、法的に保護されるべきプライバシーとして、私生活上の事実、または事実らしく受け取られるおそれのある情報▽他者に開示されることを欲しない情報▽一般の人に知られていない情報——の三点を挙げた。

そのうえで早大が警察に提供した名簿に記載された個人情報について検討し、「氏名、学籍番号、住所、電話番号及び原告らが講演会への参加申し込み者であることは、プライバシーに該当する」と判断し、大学当局によるプライバシー侵害を認めた。

しかし、大学が名簿を提供した行為については、「江主席は外国要人であり、安全確保に万全を期すことは当然。警視庁等が警備を行う際、参加申込者を事前に把握することは適切な警備の遂行上有用だ。名簿の提出は正当な理由に基づくものであり、一般人の感受性を基準としても社会通念上許容されるべき限度内にとどまる」と判断し、違法性を認めなかった。

判決は、警察当局への名簿提供行為が正当化される理由として、外国要人であることを挙げるだけにとどまった。

警備という目的達成の手段として名簿の提供が妥当かどうか▽プライバシーを侵害せずに早大が取り得る他の手段はなかったのか▽江主席に対する犯行予告の情報が寄せられたが、これは明白で現実の危険と言えるものだったのかどうか▽大学の自治の観点から名簿の提供行為そのものが妥当なのか——など詳細な検討を行なっていないなど多くの問題も残した。

一方、判決は最後に異例の「補論」を加えた。ここでは、「この判断は現時点でのものであることはいうまでもない。その意味では議論を深化させていくための一里塚にすぎない」とわざわざ述べるなど、自信のなさがうかがえる判決だった。

## 裁判長「名簿無断提供は学内規則違反」

早大生側の敗訴となったものの加藤新太郎裁判長は、さまざまな観点から早大側の対応にも反省を促している。

早大側は、個人情報は後から記入した参加希望者が既に記入した参加者の情報を閲覧できたことから「公開された個人情報」だとして保護の対象とならないことを主張したほか、外国要人の講演という〝外交〟的な重要性から個人情報保護規則違反には当たらないと訴えてきた。

しかし判決は、いずれの主張も退け、「本件規則上、情報収集時に明確化された目的以外のために個人情報を利用することが禁じられているのに、本件名簿を提出していることは本件規則に反するものでもある」と述べ、早大当局の学内規定違反を認めた。

特に、学内規則違反に関しては「名簿の提出の予告をしなかったことは不適切であったものと評されてもやむを得ない」とまで述べ、早大に猛省を促した。

「半分は（原告側も）勝ったのではないか」（原告側弁護団）とも言えなくもない判決内容となった。早大当局は同日、「早稲田ウィークリー」号外を発行。「名簿裁判、全面勝訴」との見出しで、「大学が参加者名簿を関係機関に提出したことを適法と認めたものであり、当然の判断を示した妥当な判決」と判決を評価する見解を発表した。

しかし、裁判所のニュアンスは異なる。加藤裁判長は、こうも述べている。

「当裁判所としては、法的責任の成否という問題を離れて、被告大学としては、ここで述べた点を正しく受け止め今後の大学運営に生かすことが本件訴訟を意味あらしめるところであることを付言する」

早大側は判決言い渡しのあった二〇〇一年四月一一日開いた会見で、名簿の廃棄を警視庁に要請したことや、二〇〇一年三月にノルウェー国王が講演を行なった際に提出した参加者名簿は、警視庁に返却を求め、大学側で廃棄したことを明らかにしている。

裁判は、学生側が東京高裁に控訴し、改めて争われることになる。

## Chapter 3

# 民間分野と個人情報保護

第一部では、個人情報保護法案をメディアとの関係で見てきた。そして、第三部では、主として民間分野で起きている個人情報の問題を取り上げてきた。

それでは、民間分野を対象とした規制という観点で見た場合、法案はどんな問題点があるのかを見てみたい。

### 「企業ゴロ」誘発の懸念も

法案では、一定の件数以上個人情報データベースを保有している民間の「個人情報取扱事業者」に対して、本人からの情報開示や訂正、利用停止（削除）の求めに応じる義務などを「六カ月以下の懲役または三〇万円以下の罰金」という罰則付きで課している。しかし、幅広く規制がかけられることから「過剰規制だ」との懸念も少なくない。具体的には、どんな点が危惧されるのだろうか。

個人情報保護法制に詳しい鈴木正朝氏に、その辺の問題点を聞いた。

鈴木氏は、個人情報保護の社内体制が一定の水準を満たしている企業を認定する「プライバシーマーク（Pマーク）」の認定機関、情報サービス産業協会（JISA）の調査役を務めた。

鈴木氏が強く懸念するのは、基本的人権やプライバシー権との関係を明確にせずにいわゆる「自己情報コントロール権」的な発想を情報開示や訂正、利用停止などを請求権という形で私人間に導入した点だ。

法案は、第三〇条から第三二条で、開示、訂正等、利用停止等——などを定めている。

例えば、開示請求を本人から受けた場合、個人情報取扱事業者は、「業務の適正な実施に著しい支障を及ぼすおそれがある場合」を除いて、開示しなければならないことになっている。

もともと自己情報コントロール権という考え方は、公権力、つまり行政機関に勝手に個人情報を利用させない、ということから出てきた。公権力が保有する自分の個人情報を開示させ、誤っていれば訂正させ、そして本人が望まなければその利用を停止させるということを内容にしている。

日本では、「行政機関の保有する電子計算機処理に係る個人情報の保護に関する法律」（行政機関個人情報保護法）が一九八八年に制定されている。

しかし、この法律は、個人情報の開示請求権や訂正の申し出までは認めているものの、利用の停止を求める請求権までは認めていない。

しかも、国民からの要望が強い診療記録などの医療分野や、学校の指導要録など教育分野は開示請求の対象になっていないほか、刑事事件にかかわる個人情報も除かれている。政府案は電算処理した情報だけでなく紙ベースで管理する「マニュアル情報」も対象にしているが、行政機関個人情報保護法では電算処理に限定しているなどいくつもの問題点を抱えている。

そうした現状の中で、行政機関など公的分野に先行する形で、「自己情報コントロール権」が民間分野に導入されようとしているのだ。

鈴木氏は政府への不信感を隠さない。

「いわゆる自己情報コントロール権は、私人間での権利行使には現状ではそぐわない。こうした権利は、もともとは対権力との関係で出てきた。最も必要とされているのは、公権力に対してで、次いで（大企業など）社会的権力となる組織だ。そして、信用情報や医療情報など保護の必要度の高い分野の個人情報だ。一般法の中で、こうした根拠規定を置くのはあまりに乱暴だ。逆に企業ゴロに対して武器を与えてしまうという面も否定できない。こうした『副作用』を政府は、どう見極めているのだろうか？」

政府の関係者は個人情報保護法制化専門委員会が設置された二〇〇〇年二月ごろ、こう悩みを明かした。

「法律を作るときは大抵、『この辺が落としどころか』という感触がある。個人情報の保護に対する認識の差は人によって非常に大きい。国民はどういう個人情報を国に守ってほしいのか、というところがなかなか見えてこない」

個人情報をめぐる捉え方は、実際さまざまだ。

たとえば、最もよく利用される個人情報にＮＴＴが発行している電話帳がある。ある人は、住所、氏名、電話番号を企業などがどうしようと、「悪用された」と感じることはないが、一方、ある人は、電話帳に掲載されることをとんでもない「プライバシー侵害」だと感じる。

連日のように舞い込むダイレクトメールを便利だと感じる人もいれば、「なぜ、住所が分かったのか」と、不審に思う人は少なくない。

鈴木氏はこう指摘する。

「そもそも個人情報の悪用被害という点では、殺人事件にまで発展したストーカー被害に比べると、深刻な事態に至っているわけではない。被害の実態に先行した法案であるため、どういう個人情報をどう保護すべきか、という明確な思想が欠けているという印象を受ける。政策担当者は『思想』を固め切れなかったのではないか」

その結果、この法案はある人から見ると、例外規定の多い「ザル法」に映り、ある人から見ると非常に厳しいというように映る。

日本弁護士連合会（日弁連）が政府案に対してまとめた意見書（二〇〇一年五月九日）はこの点、明快だ。

意見書は、「公的部門に対する規制を先送りしていること、すべての民間部門を規制対象とし、厳格な構成要件によらないままで両罰規定を伴う罰則規定を含むものとなっていること等にかんがみ、個人情報保護の名の下に民間の情報を国家がコントロールする民間規制法というべき極めて危険性の高い法案だ」と指摘し、反対を表明した。

法案は、非常に多くの重要な解釈を政令や裁判の判例にゆだねてしまった。このため、政府の運用によっては何でもできるようになってしまったといえなくもない。

どんなことが可能になるのか。

弁護士であり、国家公安委員長を務めた経歴を持つ白川勝彦氏に、この法案の狙いをぶつけてみた。そのインタビューを次に紹介したい。

白川氏の話からは非常に恐ろしいことが可能になってしまうことが分かった。

まず、白川氏のプロフィールを簡単に紹介しておく。

同氏は一九七九年衆院初当選。当選六回。自治大臣、元・国家公安委員長などを歴任。二〇〇〇年六月の衆院選新潟六区で民主党候補に敗れる。自民党を離党し、二〇〇一年三月に「新党・自由と希望」を結成。同年七月の参院選に出馬したが、当選を果たせなかった。

## 「日本中のコンピューターを政府が監視」

白川勝彦・元自治相は、同法案策定の直接のきっかけとなった改正住民基本台帳法にもかかわった。同党は、「日本初のインターネット政党」をキャッチフレーズに掲げ、ＩＴ社会の在り方に関心を寄せている。

——そもそもこの法案は、全国民に番号を付ける改正住民基本台帳法（改正住基法）の成立にあたり、旧与党三党が「三年以内の法制化を図る」ことで合意（一九九九年六月）したことが直接のきっかけです。

**白川氏**　自治相（一九九六年一一月～九七年九月）をやっていた時に、事務方が改正住基法案を検討していた（注：旧自治省は、九七年六月に改正住基法の試案をまとめ、翌九八年三月に閣議決定し、国会に提出）。運転免許証や社会保険など、国は各所管事務ごとに番号を持った個人情報のデータベースを持っていた。

そんな中で、自治省も作りたいと言い出した。住民票の写しが取りやすくなるぐらいで、莫大なカネのかかるネットワークをつくる必要があるのか。無駄なネットワークになりはしないか。また他省庁（のネットワークとも）ともすり合わせする必要性などを事務方に言った。その際、個人情報の保護が重要なことも述べた。しかし、正直言って、その後の関心は余りなかった。

——二〇〇一年五月一〇日にノンフィクション作家らが開いた政府の立法担当者との公開討論会に参加していましたが。

**白川氏**　知り合いのフリージャーナリストから、個人情報保護法案には大いに問題点があると指摘された。この二カ月間、この法案について考えてきたが、確かに言論を統制することになるだろう。しかし、問題点はジャーナリズムだけに限られていない。

何度もこの法案を読んだが、弁護士を二〇年やっている人間から見ても、非常に分かりにくい内容だ。そもそも、だれが個人情報取扱事業者に該当するのかさえ、よく分からない。

討論会で、政府の藤井昭夫・個人情報保護担当室長に「(現職でない私も)後援者のデータを十数万件持っている。私も個人情報取扱業者に当たるのか」と質問したら、口ごもっていた。

とにかく、国民からみても、個人情報取扱事業者になるのかならないのか、よく分からない。免許制でもないのに、ある日突然、事業者になり、ある大臣の監督下に置かれてしまう。こんな乱暴な法律はないのではないか。個人情報取扱事業者に対して、罰則規定はあるが、まず、どういう行為が処罰されるのか、不明確だ。罪刑法定主義の原則に違反している。

――メディアの立場から見ると、情報提供者が同法違反になることを恐れ、萎縮することも懸念されます。

**白川氏**　例えば、汚職の疑いのある政治家がメディアの取材や逮捕を逃れるため、健康でぴんぴんしているにもかかわらず、病院に逃げ込むことはよくある。

病院は、患者情報をコンピューターで管理し、法案にある「個人情報取扱事業者」にあたるとする。新聞記者は、病室内の様子を聞き出したいわけで、看護婦を通じて情報を入手したとする。

警察・検察は、看護婦が個人情報を漏らし、法律に違反した疑いがあるとしてコンピューターを差し押さえようとする。しかも、警察は関連情報だけでなく、一緒に病院の他の情報も持っていく。

嫌疑があるというだけで、差し押さえ令状を取れる恐れがある。

個人レベルでも、数千単位の個人情報をコンピューターで管理している時代だ。日本中のコンピューターが規制を受ける事態になりかねない。

この法案は、ジャーナリズムをはじめ、言論や表現の自由が封殺されるということにとどまらない。本来最も自由であるべきインターネットの世界をも制約することになるだろう。

――国家公安委員長の経験者として、警察はこの法律をどう使うことになると思いますか。

**白川氏**　私は官僚の性（さが）をよく知っている。この法律は権益拡大のために利用されることになるだろう。

ある程度の個人情報データベースを持っていて、警察に踏み込んでもらいたくない個人情報取扱事業者は、警察ＯＢを天下りとして受け入れるに違いない。警察ＯＢの受け入れは、取り締まり対象（の企業）などにとって、「うちには警察ＯＢがいる」とアピールすることで、（強制捜査などから）ガードしてもらう狙いがある。

また、警察だけでなく、コンピューターを持つ企業は、所管省庁ＯＢを受け入れるだろう。

この法律によって、警察は何ができるかということを考えてみたい。日本中のコンピューターが警察の管理下に置かれる可能性がある、すごい野望と意欲に満ちた法律だ、ということだ。官僚は、本音と建て前を使い分けて法律を書くことがある。この法案もその一つだ。

――個人情報保護はどういう法制度であるべきでしょうか。

白川氏　官は権力に基づいて膨大な個人情報を集めている。現状でも、漏らした場合は、国家公務員法、地方公務員法などで処罰されるが、個人情報を大量に漏らした場合は、より厳しい処罰を加えるべきだ。

また、電気通信、医療、ガスなど国民が生活するために必ず契約せざるをえない生活インフラ関連の許認可をもらっているような民間事業者には、個人情報の保護をきちっとやってもらわないといけないだろう。

## Ｐマーク業者も初違反

法律によらない自主規制で本当に個人情報を守ることができないのだろうか。ＩＴ産業界を中心に取得が進んでいる「プライバシーマーク（Ｐマーク）制度」について報告しておきたい。

Ｐマーク制度とは、個人情報の管理システムが一定の水準に達している民間事業者を第三者機関が認定する制度だ。経済産業省の外郭団体、日本情報処理開発協会（ＪＩＰＤＥＣ）が運営している。

個人情報の取り扱いについて適切な保護措置を講ずる体制を整備している民間事業者等に対し、その旨を示すマークとしてＰマークを付与し、事業活動に関してマークの使用を認めている。事業者はＰマークを使用することで消費者に安全性をアピールできるメリットがある。二年ごとに更新する仕組みだ。認定審査の実務は、ＪＩＰＤＥＣが認定する別の団体が担当する。Ｐマークの交付を受けた事業者が定められた規定を守らない場合は、登録を取り消すとともに公表される。企業にとっての公表措置は、顧客との信頼関係を損ない、ビジネスに響くため、罰金はないが厳しい制裁を受けることになる。

同じ経済産業省の外郭団体、情報サービス産業協会（ＪＩＳＡ）は二〇〇〇年六月二八日にＪＩＳＡが認定した名古屋市の情報処理関連サービス会社メイケイを、一九九八年四月の制度発足以来初めて登録を取り消す処分を行なった。厚生省（現・厚生労働省）から受託した入力業務で、規定に違反して書面の交換を行なわずに業務を再委託していた。

ＪＩＳＡや厚生省によると、メイケイは厚生省から二〇〇〇年一月に入退院患者らに関する実態調査結果の調査票約一四〇万枚のデータ入力業務を受注した。

ところが、二〇〇〇年三月末までの納期に作業が間に合わなくなったことから取引のあった複数の業者に下請けに出した。この際、文書による契約を行なわずに発注したほか、委託先企業の個人情報の保護システムを把握しておらず、制度の趣旨に反した業務を行なっていた。また、厚生省の「下請け発注禁止」の要請も無視していた。

ＪＩＳＡは、責任者を呼んで事情を聞いた上で、「外注業務の管理が非常に不十分」などとして取り消した。

このケースでは下請けだけにとどまらなかった。ＪＩＳＡによると、メイケイから業務を受託した一次下請け業者は更に、二次下請けに業務を発注。二次下請けはインターネットを利用して一部の業務委託を募り、三次業者に再々委託した。この三次下請け業者もネットで募集をかけた。

この結果、福岡県の男性会社員が新潟県内の病院一〇カ所から提出された調査票五〇一〇枚分の入力業務を四次下請けとして受注した。

実際に入力した会社員の妻がこのうち一二八六枚分を三月末に自宅のゴミと一緒に誤って廃棄してしまった、という。二〇〇〇年四月になって厚生省への調査票の返却枚数が足りないことから問題が発覚した。

メイケイは、一九九八年九月にPマークを取得。その際、JISAはメイケイから提出を受けた書類に基づいて審査していたが、制度が原則として求める実地調査に関しては、国が定める他の安全対策基準に関する制度の認定を受けていたことから例外として行なわずに書類審査のみで認定していた。

JISAは「書類審査では特に問題を発見できなかった」と話している。

Pマークは、米国のBBBオンラインが運営する同様の認証制度「プライバシーシールプログラム」との相互認証を二〇〇一年六月スタートさせており、一層の信頼性向上は不可欠だ。今後は、認定事業者が取得後も継続して安全基準を満たしているかをどのように監視していくかなどの対応が求められる。

このケースでは、メイケイは実際、社会的に大きなダメージを受けたという。

法律による制裁を受けなくても認定取り消しと企業名の公表という実効性を担保する仕組みで十分、法律と同様の強制力を有していると言えなくもない。

こうした認定制度は、民間の自主規制の一つとして注目される。

# 個人情報保護法案を取材して

## 〝規制効果〟には温度差

インターネットや携帯電話、電子商取引（ＥＣ）をはじめとした情報通信技術（ＩＴ）が国民生活のすみずみに浸透し、個人に関する情報の価値が飛躍的に高まる中、民間分野にも何らかの法的整備が必要なことを否定する意見は少ないだろう。

これまで見てきたように個人情報の保護の必要性は、専ら企業が保有する顧客の個人情報や行政機関が保有する国民、住民情報が勝手に持ち出され、販売されているなどの被害が社会問題化したことから出てきた。

ネットワーク社会においては、特にデジタル化した個人情報は大量かつ、瞬時に流通することができる。

さらにデジタル情報は、その改ざんも容易だ。

こうした危険に対抗する手段として提唱されたのが、自己情報コントロール権と呼ばれる新たな権利だ。法的な性格をめぐる学説は定着していないものの、その考え方は行政機関を対象にした「行政機関の保有する電子計算機処理に係る個人情報の保護に関する法律」(行政機関個人情報保護法)や、「個人情報の保護に関する法律案」(個人情報保護法案)でも取り入れられている。

最近は、個人情報をデジタル化すること自体が危険性を高めることから「デジタル・プライバシー権」という新たな概念を提唱する研究者も増えてきた。

政府が「五年以内に世界最先端のＩＴ国家となる」(「ｅ-Ｊａｐａｎ戦略」、二〇〇一年一月)を目指すというのであれば、法整備の必要性は、公的分野を中心に一層高まる。

しかし、ＩＴ社会の進展に対応するための個人情報保護法制として、政府の個人情報保護法案が相応しいのかと言えば、これは全くの別問題だ。

この個人情報保護法案を取材して感じるのは法案の規制効果に対する見方が、見事に大きく二つに割れることだ。

この法案がメディアに適用されると、非常に大きな萎縮効果を招き、ひいては国民の知る権利を阻害する危険性を指摘する声がある。

しかしその一方で、現実に相次いでいる企業などでの個人情報の漏えいや第三者への無断提供などの利用実態には必ずしも規制効果がない、とする意見が少なくないのも事実だ。

法案は第五章「個人情報取扱事業者の義務等」で、保護規定の違反行為に対しては、罰則(六カ月以下の懲役又は三〇万円以下の罰金）も科しているが、「規制効果が小さい」との批判には、保護規定にさまざまな例外規定が設けられていることもあるようだ。

例えば、第三者への無断提供を制限した第二八条では、「個人情報取扱事業者は、次に掲げる場合を除くほか、あらかじめ本人の同意を得ないで、個人データを第三者に提供してはならない」と規定している。「次に掲げる場合」とは、(1)法令に基づく場合、(2)人の生命、身体又は財産の保護のために必要がある場合であって、本人の同意を得ることが困難であるとき、(3)公衆衛生の向上又は児童の健全育成の推進のために特に必要がある場合であって、本人の同意を得ることが困難であるとき――などだ。開示するかどうかの判断は、第三者機関ではなく、もちろん個人情報取扱事業者自身が行なう。

また、個人情報取扱事業者は本人から「開示」（第三〇条）を求められた場合、「手数料を徴収することができる」（第三五条）とも定めていて、事業者の裁量にゆだね、開示のハードルを実質的に高くしているとの見方もある。

こうしたことから、企業にとっては、抜け道の多い「ザル法」であるというわけだ。

これほどの正反対の見方ができるということは、逆に言えば、それだけ政府の運用面での裁量権が大きいことも意味する。

政府のある関係者は「事例が多岐にわたるため完璧な法令解釈集を作成するのは非常に難しい」と本音を漏らした。

運用で厳しくも緩くもできるというのは、非常に危険な法律であることを示しているとも言えるのではないだろうか。

## 詳細な検討ない適用除外

政府に法制化を求めた個人情報保護検討部会は、実は必ずしも法制化を前提にした議論を行なっていたわけではない。

検討部会は一九九九年一一月九日の会合で、官民両分野を包括した閣議決定などによる「指針(ガイドライン)」にするか、「基本法」にするかの採決を初めて取り、この時に全会一致で法制化を決めている。同じ会合で討議した「我が国における個人情報保護システムの在り方について(中間報告)」案では、法制化のデメリットとして、「法の適用を除外する必要がある分野等について、さらに突っ込んだ議論と詳細な検討が不可欠となる」と明記していた。

ところが、法制化の過程をみてきたように「突っ込んだ議論と詳細な検討」がその後なされてきたとはとても言えないのが実態だ。

繰り返しになるが、重ねて紹介したい。

政府案の下敷きになった「個人情報保護基本法制に関する大綱」を作成した園部逸夫委員長は二〇〇〇年九月二九日の実質的な最終会合で次のように発言している。

「報道、宗教、学術と一言で（適用除外を＊筆者注）くくってありますけれども、まず報道とは何かということについての十分な議論は必ずしもできておりません。それから、宗教につきましてはほとんど議論をする時間がなかった。学問分野全体にわたってどういうような問題が生ずるかということはなかなか難しい。政党の問題とか政治の問題とかいろいろある。法制化の段階で検討すべきことは多々ある」

## 臨時国会ではひとまず廃案に

今回、外国の法制度との詳細な比較・検討は行なわなかった。表現・報道の自由が憲法上の権利であり、他の権利との調整を要するケースでは日本国憲法が強く影響を受けた米国の法制度がまず参考になる。

米国では、官民を包括した個人情報保護法制を採用していない。個別法で対応している。除外規定を設けるという法制度では、どうしても除外の範囲を定めなければならず、かえってデメリットが大きいのは既に見たとおりだ。

日本もまず、公的分野や中間報告で指摘された医療情報や信用情報、電気通信分野、そしてIT社会において保護の重要性の高い分野ごとに法的整備を図る、という手順を踏んだらどうだろうか。社会問題となっている個人情報の売買業にも法的手当てが必要だろう。どうしても官民両分野を包括した基本法をつくって国民全体の個人情報の保護意識を底上げする必要があれば、理念や国民の責務をうたえばいい。具体的な努力義務を課す必要性は、いまのところ見当たらない。

そもそも法的な規制を図るにはそれなりの理由が必要となる。報道分野で言えば、取材先リストなどが外部に漏れて社会問題となるなどの〝立法事実〟があったのだろうか。私は〝ない〟と考えている。

政府の個人情報保護法案は、報道分野も規制の対象にしている。もはや法案はどう修正を図るべきかではない。法案の策定過程を合わせて考えると、二〇〇一年秋の臨時国会でいったん廃案にして、改めて検討を始めるべきだ。

# 4

# 資料編

# Chapter 1

# 個人情報保護法案

個人情報の保護に関する法律

目次

附則

## 第一章　総則

**（目的）**

第一条　この法律は、高度情報通信社会の進展に伴い個人情報の利用が著しく拡大していることにかんがみ、個人情報の適正な取扱いに関し、基本原則及び政府による基本方針の作成その他の個人情報の保護に関する施策の基本となる事項を定め、国及び地方公共団体の責務等を明らかにするとともに、個人情報を取り扱う事業者の遵守すべき義務等を定めることにより、個人情報の有用性に配慮しつつ、個人の権利利益を保護することを目的とする。

**（定義）**

第二条　この法律において「個人情報」とは、生存する個人に関する情報であって、当該情報に含まれる氏名、生年月日その他の記述等により特定の個人を識別することができるもの（他の情報と容易に照合することができ、それにより特定の個人を識別することができることとなるものを含む。）をいう。

2　この法律において「個人情報データベース等」とは、個人情報を含む情報の集合物であって、次に掲げるものをいう。

一　特定の個人情報を電子計算機を用いて検索することができるように体系的に構成したもの

二　前号に掲げるもののほか、特定の個人情報を容易に検索することができるように体系的に構成したものとして政令で定めるもの

3　この法律において「個人情報取扱事業者」とは、個人情報データベース等を事業の用に供している者をいう。ただし、次に掲げる者を除く。

一　国の機関

二　地方公共団体
三　独立行政法人（独立行政法人通則法（平成十一年法律第百三号）第二条第一項に規定する独立行政法人をいう。以下同じ。）のうち別に法律で定めるもの
四　特殊法人（法律により直接に設立された法人又は特別の法律により特別の設立行為をもって設立された法人であって、総務省設置法（平成十一年法律第九十一号）第四条第十五号の規定の適用を受けるものをいう。以下同じ。）のうち別に法律で定めるもの
五　その取り扱う個人情報の量及び利用方法からみて個人の権利利益を害するおそれが少ないものとして政令で定める者
4　この法律において「個人データ」とは、個人情報データベース等を構成する個人情報をいう。
5　この法律において「保有個人データ」とは、個人情報取扱事業者が、開示、内容の訂正、追加又は削除、利用の停止、消去及び第三者への提供の停止を行うことのできる権限を有する個人データであって、その存否が明らかになることにより公益その他の利益が害されるものとして政令で定めるもの又は一年以内の政令で定める期間以内に消去することとなるもの以外のものをいう。
6　この法律において個人情報について「本人」とは、個人情報によって識別される特定の個人をいう。

## 第二章　基本原則

第三条　個人情報が個人の人格尊重の理念の下に慎重に取り扱われるべきものであることにかんがみ、個人情報を取り扱う者は、次条から第八条までに規定する基本原則にのっとり、個人情報の適正な取扱いに努めなければならない。

**（利用目的による制限）**

第四条　個人情報は、その利用の目的が明確にされるとともに、当該目的の達成に必要な範囲内で取り扱われなけ

ればならない

（適正な取得）
第五条　個人情報は、適法かつ適正な方法で取得されなければならない。
（正確性の確保）
第六条　個人情報は、その利用の目的の達成に必要な範囲内で正確かつ最新の内容に保たれなければならない。
（安全性の確保）
第七条　個人情報の取扱いに当たっては、漏えい、滅失又はき損の防止その他の安全管理のために必要かつ適切な措置が講じられるよう配慮されなければならない。
（透明性の確保）
第八条　個人情報の取扱いに当たっては、本人が適切に関与し得るよう配慮されなければならない。

## 第三章　国及び地方公共団体の責務等

（国の責務）
第九条　国は、この法律の趣旨にのっとり、個人情報の適正な取扱いを確保するために必要な施策を総合的に策定し、及びこれを実施する責務を有する。
（地方公共団体の責務）
第十条　地方公共団体は、この法律の趣旨にのっとり、その地方公共団体の区域の特性に応じて、個人情報の適正な取扱いを確保するために必要な施策を策定し、及びこれを実施する責務を有する。
（法制上の措置等）
第十一条　政府は、国の行政機関について、その保有する個人情報の性質、当該個人情報を保有する目的等を勘案し、その保有する個人情報の適正な取扱いが確保されるよう法制上の措置その他必要な措置を講ずるものとする。

2　政府は、独立行政法人及び特殊法人について、その性格及び業務内容に応じ、その保有する個人情報の適正な取扱いが確保されるよう法制上の措置その他必要な措置を講ずるものとする。

3　政府は、前二項に定めるもののほか、個人情報の性質及び利用方法にかんがみ、個人の権利利益の一層の保護を図るため特にその適正な取扱いの厳格な実施を確保する必要がある個人情報について、保護のための格別の措置が講じられるよう必要な法制上の措置その他の措置を講ずるものとする。

# 第四章　個人情報の保護に関する施策等

## 第一節　個人情報の保護に関する基本方針

第十二条　政府は、個人情報の保護に関する施策の総合的かつ一体的な推進を図るため、個人情報の保護に関する基本方針（以下「基本方針」という。）を定めなければならない。

2　基本方針は、次に掲げる事項について定めるものとする。

一　個人情報の保護に関する施策の推進に関する基本的な方向

二　国が講ずべき個人情報の保護のための措置に関する事項

三　地方公共団体が講ずべき個人情報の保護のための措置に関する基本的な事項

四　独立行政法人及び特殊法人が講ずべき個人情報の保護のための措置に関する基本的な事項

五　個人情報取扱事業者及び第四十五条第一項に規定する認定個人情報保護団体が講ずべき個人情報の保護のための措置に関する基本的な事項

六　個人情報の取扱いに関する苦情の円滑な処理に関する事項

七　その他個人情報の保護に関する施策の推進に関する重要事項

3　内閣総理大臣は、国民生活審議会の意見を聴いて、基本方針の案を作成し、閣議の決定を求めなければならない。

4　内閣総理大臣は、前項の規定による閣議の決定があったときは、遅滞なく、基本方針を公表しなければならない。

5　前二項の規定は、基本方針の変更について準用する。

### 第二節　国の施策

（地方公共団体等への支援）

第十三条　国は、地方公共団体が策定し、又は実施する個人情報の保護に関する施策及び国民又は事業者等が個人情報の適正な取扱いの確保に関して行う活動を支援するため、情報の提供、事業者等が講ずべき措置の適切かつ有効な実施を図るための指針の策定その他の必要な措置を講ずるものとする。

（苦情処理のための措置）

第十四条　国は、個人情報の取扱いに関し事業者と本人との間に生じた苦情の適切かつ迅速な処理を図るために必要な措置を講ずるものとする。

（個人情報の適正な取扱いを確保するための措置）

第十五条　国は、地方公共団体との適切な役割分担を通じ、次章に規定する個人情報取扱事業者による個人情報の適正な取扱いを確保するために必要な措置を講ずるものとする。

### 第三節　地方公共団体の施策

（保有する個人情報の保護）

第十六条　地方公共団体は、その保有する個人情報の性質、当該個人情報を保有する目的等を勘案し、その保有する個人情報の適正な取扱いが確保されるよう必要な措置を講ずることに努めなければならない。

（区域内の事業者等への支援）

第十七条　地方公共団体は、個人情報の適正な取扱いを確保するため、その区域内の事業者及び住民に対する支援に必要な措置を講ずるよう努めなければならない。

（苦情の処理のあっせん等）

第十八条　地方公共団体は、個人情報の取扱いに関し事業者と本人との間に生じた苦情が適切かつ迅速に処理されるようにするため、苦情の処理のあっせんその他必要な措置を講ずるよう努めなければならない。

## 第四節　国及び地方公共団体の協力

第十九条　国及び地方公共団体は、個人情報の保護に関する施策を講ずるにつき、相協力するものとする。

# 第五章　個人情報取扱事業者の義務等

## 第一節　個人情報取扱事業者の義務

（利用目的の特定）

第二十条　個人情報取扱事業者は、個人情報を取り扱うに当たっては、その利用の目的（以下「利用目的」という。）をできる限り特定しなければならない。

2　個人情報取扱事業者は、利用目的を変更する場合には、変更前の利用目的と相当の関連性を有すると合理的に認められる範囲を超えて行ってはならない。

（利用目的による制限）

第二十一条　個人情報取扱事業者は、あらかじめ本人の同意を得ないで、前条の規定により特定された利用目的の達成に必要な範囲を超えて、個人情報を取り扱ってはならない。

2　個人情報取扱事業者は、合併その他の事由により他の個人情報取扱事業者から事業を承継することに伴って個人情報を取得した場合は、あらかじめ本人の同意を得ないで、承継前における当該個人情報の利用目的の達成に必要な範囲を超えて、当該個人情報を取り扱ってはならない。
3　前二項の規定は、次に掲げる場合については、適用しない。
一　法令に基づく場合
二　人の生命、身体又は財産の保護のために必要がある場合であって、本人の同意を得ることが困難であるとき。
三　公衆衛生の向上又は児童の健全な育成の推進のために特に必要がある場合であって、本人の同意を得ることが困難であるとき。
四　国の機関若しくは地方公共団体又はその委託を受けた者が法令の定める事務を遂行することに対して協力する必要がある場合であって、本人の同意を得ることにより当該事務の遂行に支障を及ぼすおそれがあるとき。

（適正な取得）
第十七条　個人情報取扱事業者は、偽りその他不正の手段により個人情報を取得してはならない。

（取得に際しての利用目的の通知等）
第十八条　個人情報取扱事業者は、個人情報を取得した場合は、あらかじめその利用目的を公表している場合を除き、速やかに、その利用目的を、本人に通知し、又は公表しなければならない。
2　個人情報取扱事業者は、前項の規定にかかわらず、本人との間で契約を締結することに伴って契約書その他の書面（電子的方式、磁気的方式その他人の知覚によっては認識することができない方式で作られる記録を含む。以下この項において同じ。）に記載された当該本人の個人情報を取得する場合その他本人から直接書面に記載された当該本人の個人情報を取得する場合は、あらかじめ、本人に対し、その利用目的を明示しなければならない。ただし、人の生命、身体又は財産の保護のために緊急に必要がある場合は、この限りでない。
3　個人情報取扱事業者は、利用目的を変更した場合は、変更された利用目的について、本人に通知し、又は公表しなければならない。
4　前三項の規定は、次に掲げる場合については、適用しない。

一　利用目的を本人に通知し、又は公表することにより本人又は第三者の生命、身体、財産その他の権利利益を害するおそれがある場合

二　利用目的を本人に通知し、又は公表することにより当該個人情報取扱事業者の権利又は正当な利益を害するおそれがある場合

三　国の機関又は地方公共団体が法令の定める事務を遂行することに対して協力する必要がある場合であって、利用目的を本人に通知し、又は公表することにより当該事務の遂行に支障を及ぼすおそれがあるとき。

四　取得の状況からみて利用目的が明らかであると認められる場合

（データ内容の正確性の確保）

第二十四条　個人情報取扱事業者は、利用目的の達成に必要な範囲内において、個人データを正確かつ最新の内容に保つよう努めなければならない。

（安全管理措置）

第二十五条　個人情報取扱事業者は、その取り扱う個人データの漏えい、滅失又はき損の防止その他の個人データの安全管理のために必要かつ適切な措置を講じなければならない。

（従業者の監督）

第二十六条　個人情報取扱事業者は、その従業者に個人データを取り扱わせるに当たっては、当該個人データの安全管理が図られるよう、当該従業者に対する必要かつ適切な監督を行わなければならない。

（委託先の監督）

第二十七条　個人情報取扱事業者は、個人データの取扱いの全部又は一部を委託する場合は、その取扱いを委託された個人データの安全管理が図られるよう、委託を受けた者に対する必要かつ適切な監督を行わなければならない。

（第三者提供の制限）

第二十八条　個人情報取扱事業者は、次に掲げる場合を除くほか、あらかじめ本人の同意を得ないで、個人データ

を第三者に提供してはならない。
一　法令に基づく場合
二　人の生命、身体又は財産の保護のために必要がある場合であって、本人の同意を得ることが困難であるとき。
三　公衆衛生の向上又は児童の健全な育成の推進のために特に必要がある場合であって、本人の同意を得ることが困難であるとき。
四　国の機関若しくは地方公共団体又はその委託を受けた者が法令の定める事務を遂行することに対して協力する必要がある場合であって、本人の同意を得ることにより当該事務の遂行に支障を及ぼすおそれがあるとき。
2　個人情報取扱事業者は、第三者に提供される個人データについて、本人の求めに応じて当該本人が識別される個人データの第三者への提供を停止することとしている場合であって、次の各号に掲げる事項について、あらかじめ、本人に通知し、又は本人が容易に知り得る状態に置いているときは、前項の規定にかかわらず、当該個人データを第三者に提供することができる。
一　第三者への提供を利用目的とすること。
二　第三者に提供される個人データの項目
三　第三者への提供の手段又は方法
四　本人の求めに応じて当該本人が識別される個人データの第三者への提供を停止すること。
3　個人情報取扱事業者は、前項第二号又は第三号に掲げる事項を変更する場合は、変更する内容について、あらかじめ、本人に通知し、又は本人が容易に知り得る状態に置かなければならない。
4　次の各号に掲げる場合において、当該個人データの提供を受ける者は、前三項の規定の適用については、第三者に該当しないものとする。
一　個人情報取扱事業者が利用目的の達成に必要な範囲内において個人データの取扱いの全部又は一部を委託する場合

二　合併その他の事由による事業の承継に伴って個人データが提供される場合
三　個人データを特定の者との間で共同して利用する場合であって、その旨並びに共同して利用される個人データの項目、共同して利用する者の範囲、利用する者の利用目的及び当該個人データの管理について責任を有する者の氏名又は名称について、あらかじめ、本人に通知し、又は本人が容易に知り得る状態に置いているとき。

5　個人情報取扱事業者は、前項第三号に規定する利用する者の利用目的又は個人データの管理について責任を有する者の氏名若しくは名称を変更する場合は、変更する内容について、あらかじめ、本人に通知し、又は本人が容易に知り得る状態に置かなければならない。

**（保有個人データに関する事項の公表等）**

第二十九条　個人情報取扱事業者は、保有個人データに関し、次の各号に掲げる事項について、本人の知り得る状態（本人の求めに応じて遅滞なく回答する場合を含む。）に置かなければならない。
一　当該個人情報取扱事業者の氏名又は名称
二　すべての保有個人データの利用目的（第二十三条第四項第一号から第三号までに該当する場合を除く。）
三　次項、次条第一項、第三十一条第一項又は第三十二条第一項若しくは第二項の規定による求めに応じる手続（第三十五条第二項の規定により手数料の額を定めたときは、その手数料の額を含む。）
四　前三号に掲げるもののほか、保有個人データの適正な取扱いの確保に関し必要な事項として政令で定めるもの

2　個人情報取扱事業者は、本人から、当該本人が識別される保有個人データの利用目的の通知を求められたときは、本人に対し、遅滞なく、これを通知しなければならない。ただし、次の各号のいずれかに該当する場合は、この限りでない。
一　前項の規定により当該本人が識別される保有個人データの利用目的が明らかな場合
二　第二十三条第四項第一号から第三号までに該当する場合

3　個人情報取扱事業者は、前項の規定に基づき求められた保有個人データの利用目的を通知しない旨の決定をしたときは、本人に対し、遅滞なく、その旨を通知しなければならない。

（開示）

第三十条　個人情報取扱事業者は、本人から、当該本人が識別される保有個人データの開示（当該本人が識別される保有個人データが存在しないときにその旨を知らせることを含む。以下同じ。）を求められたときは、本人に対し、政令で定める方法により、遅滞なく、当該保有個人データを開示しなければならない。ただし、開示することにより次の各号のいずれかに該当する場合は、その全部又は一部を開示しないことができる。

一　本人又は第三者の生命、身体、財産その他の権利利益を害するおそれがある場合

二　当該個人情報取扱事業者の業務の適正な実施に著しい支障を及ぼすおそれがある場合

三　他の法令に違反することとなる場合

2　個人情報取扱事業者は、前項の規定に基づき求められた保有個人データの全部又は一部について開示しない旨の決定をしたときは、本人に対し、遅滞なく、その旨を通知しなければならない。

3　他の法令の規定により、本人に対し第一項本文に規定する方法に相当する方法により当該本人が識別される保有個人データの全部又は一部を開示することとされている場合には、当該全部又は一部の保有個人データについては、同項の規定は適用しない。

（訂正等）

第三十一条　個人情報取扱事業者は、本人から、当該本人が識別される保有個人データの内容が事実でないという理由によって当該保有個人データの内容の訂正、追加又は削除（以下この条において「訂正等」という。）を求められた場合には、その内容の訂正等に関して他の法令の規定により特別の手続が定められている場合を除き、利用目的の達成に必要な範囲内において、遅滞なく必要な調査を行い、その結果に基づき、当該保有個人データの内容の訂正等を行わなければならない。

2　個人情報取扱事業者は、前項の規定に基づき求められた保有個人データの内容の全部若しくは一部について訂

正等を行ったとき又は訂正等を行わない旨の決定をしたときは、本人に対し、遅滞なく、その旨（訂正等を行ったときは、その内容を含む。）を通知しなければならない。

（利用停止等）

第三十二条　個人情報取扱事業者は、本人から、当該本人が識別される保有個人データが第二十一条の規定に違反して取り扱われているという理由又は第二十二条の規定に違反して取得されたものであるという理由によって、当該保有個人データの利用の停止又は消去（以下この条において「利用停止等」という。）を求められた場合であって、その求めに理由があることが判明したときは、違反を是正するために必要な限度で、遅滞なく、当該保有個人データの利用停止等を行わなければならない。ただし、当該保有個人データの利用停止等に多額の費用を要する場合その他の利用停止等を行うことが困難な場合であって、本人の権利利益を保護するため必要なこれに代わるべき措置をとるときは、この限りでない。

2　個人情報取扱事業者は、本人から、当該本人が識別される保有個人データが第二十八条第一項の規定に違反して第三者に提供されているという理由によって、当該保有個人データの第三者への提供の停止を求められた場合であって、その求めに理由があることが判明したときは、遅滞なく、当該保有個人データの第三者への提供を停止しなければならない。ただし、当該保有個人データの第三者への提供の停止に多額の費用を要する場合その他の第三者への提供を停止することが困難な場合であって、本人の権利利益を保護するため必要なこれに代わるべき措置をとるときは、この限りでない。

3　個人情報取扱事業者は、第一項の規定に基づき求められた保有個人データの全部若しくは一部について利用停止等を行ったとき若しくは利用停止等を行わない旨の決定をしたとき、又は前項の規定に基づき求められた保有個人データの全部若しくは一部について第三者への提供を停止したとき若しくは第三者への提供を停止しない旨の決定をしたときは、本人に対し、遅滞なく、その旨を通知しなければならない。

（理由の説明）

第三十三条　個人情報取扱事業者は、第二十九条第三項、第三十条第二項、第三十一条第二項又は前条第三項の規

定により、本人から求められた措置の全部又は一部について、その措置をとらない旨を通知する場合又はその措置と異なる措置をとる旨を通知する場合は、本人に対し、その理由を説明するよう努めなければならない。

（開示等の求めに応じる手続）

第三十四条　個人情報取扱事業者は、第二十九条第二項、第三十条第一項、第三十一条第一項又は第三十二条第一項若しくは第二項の規定に基づく求め（以下この条において「開示等の求め」という。）に関し、政令で定めるところにより、その求めを受け付ける方法を定めることができる。この場合において、本人は、当該方法に従って、開示等の求めを行わなければならない。

2　個人情報取扱事業者は、本人に対し、開示等の求めに関し、その対象となる保有個人データを特定するに足りる事項の提示を求めることができる。この場合において、個人情報取扱事業者は、本人が容易かつ的確に開示等の求めをすることができるよう、当該保有個人データの特定に資する情報の提供その他本人の利便を考慮した適切な措置をとらなければならない。

3　開示等の求めは、政令で定めるところにより、代理人によってすることができる。

4　個人情報取扱事業者は、前三項の規定に基づき開示等の求めに応じる手続を定めるに当たっては、本人に過重な負担を課するものとならないよう配慮しなければならない。

（手数料）

第三十五条　個人情報取扱事業者は、第二十九条第二項の規定による利用目的の通知又は第三十条第一項の規定による開示を求められたときは、当該措置の実施に関し、手数料を徴収することができる。

2　個人情報取扱事業者は、前項の規定により手数料を徴収する場合は、実費を勘案して合理的であると認められる範囲内において、その手数料の額を定めなければならない。

（個人情報取扱事業者による苦情の処理）

第三十六条　個人情報取扱事業者は、個人情報の取扱いに関する苦情の適切かつ迅速な処理に努めなければならない。

2　個人情報取扱事業者は、前項の目的を達成するために必要な体制の整備に努めなければならない。

（報告の徴収）

第三十七条　主務大臣は、この節の規定の施行に必要な限度において、個人情報取扱事業者に対し、個人情報の取扱いに関し報告をさせることができる。

（助言）

第三十八条　主務大臣は、この節の規定の施行に必要な限度において、個人情報取扱事業者に対し、個人情報の取扱いに関し必要な助言をすることができる。

（勧告及び命令）

第三十九条　主務大臣は、個人情報取扱事業者が第二十一条から第二十三条まで、第二十五条から第三十二条まで又は第三十五条第二項の規定に違反した場合において個人の権利利益を保護するため必要があると認めるときは、当該個人情報取扱事業者に対し、当該違反行為の中止その他違反を是正するために必要な措置をとるべき旨を勧告することができる。

2　主務大臣は、前項の規定による勧告を受けた個人情報取扱事業者が正当な理由がなくてその勧告に係る措置をとらなかった場合において個人の重大な権利利益の侵害が切迫していると認めるときは、当該個人情報取扱事業者に対し、その勧告に係る措置をとるべきことを命ずることができる。

3　主務大臣は、前二項の規定にかかわらず、個人情報取扱事業者が第二十一条、第二十二条、第二十五条から第二十七条まで又は第二十八条第一項の規定に違反した場合において個人の重大な権利利益を害する事実があるため緊急に措置をとる必要があると認めるときは、当該個人情報取扱事業者に対し、当該違反行為の中止その他違反を是正するために必要な措置をとるべきことを命ずることができる。

（配慮義務）

第四十条　主務大臣は、前三条の規定により個人情報取扱事業者に対し報告の徴収、助言、勧告又は命令を行う場合においては、表現の自由、学問の自由、信教の自由及び政治活動の自由を妨げることがないよう配慮しなければならない。

（主務大臣）

第四十一条　この節の規定における主務大臣は、次のとおりとする。ただし、内閣総理大臣は、この節の規定の円滑な実施のため必要があると認める場合は、個人情報取扱事業者が行う個人情報の取扱いのうち特定のものについて、特定の大臣又は国家公安委員会（以下「大臣等」という。）を主務大臣に指定することができる。

一　個人情報取扱事業者が行う個人情報の取扱いのうち雇用管理に関するものについては、厚生労働大臣（船員の雇用管理に関するものについては、国土交通大臣）及び当該個人情報取扱事業者が行う事業を所管する大臣等

二　個人情報取扱事業者が行う個人情報の取扱いのうち前号に掲げるもの以外のものについては、当該個人情報取扱事業者が行う事業を所管する大臣等

2　内閣総理大臣は、前項ただし書の規定により主務大臣を指定したときは、その旨を公示しなければならない。

3　各主務大臣は、この節の規定の施行に当たっては、相互に緊密に連絡し、及び協力しなければならない。

## 第二節　民間団体による個人情報の保護の推進

（認定）

第四十二条　個人情報取扱事業者の個人情報の適正な取扱いの確保を目的として次の各号に掲げる業務を行おうとする法人（法人でない団体で代表者又は管理人の定めのあるものを含む。次条第三号ロにおいて同じ。）は、主務大臣の認定を受けることができる。

一　業務の対象となる個人情報取扱事業者（以下「対象事業者」という。）の個人情報の取扱いに関する第四十七条の規定による苦情の処理

二　個人情報の適正な取扱いの確保に寄与する事項についての対象事業者に対する情報の提供

三　前二号に掲げるもののほか、対象事業者の個人情報の適正な取扱いの確保に関し必要な業務

2　前項の認定を受けようとする者は、政令で定めるところにより、主務大臣に申請しなければならない。
3　主務大臣は、第一項の認定をしたときは、その旨を公示しなければならない。

（欠格条項）

第四十三条　次の各号のいずれかに該当する者は、前条第一項の認定を受けることができない。

一　この法律の規定により刑に処せられ、その執行を終わり、又は執行を受けることがなくなった日から二年を経過しない者

二　第五十三条第一項の規定により認定を取り消され、その取消しの日から二年を経過しない者

三　その業務を行う役員（法人でない団体で代表者又は管理人の定めのあるものの代表者又は管理人を含む。以下この条において同じ。）のうちに、次のいずれかに該当する者があるもの

イ　禁錮以上の刑に処せられ、又はこの法律の規定により刑に処せられ、その執行を終わり、又は執行を受けることがなくなった日から二年を経過しない者

ロ　第五十三条第一項の規定により認定を取り消された法人において、その取消しの日前三十日以内にその役員であった者でその取消しの日から二年を経過しない者

（認定の基準）

第四十四条　主務大臣は、第四十二条第一項の認定の申請が次の各号のいずれにも適合していると認めるときでなければ、その認定をしてはならない。

一　第四十二条第一項各号に掲げる業務を適正かつ確実に行うに必要な業務の実施の方法が定められているものであること。

二　第四十二条第一項各号に掲げる業務を適正かつ確実に行うに足りる知識及び能力並びに経理的基礎を有するものであること。

三　第四十二条第一項各号に掲げる業務以外の業務を行っている場合には、その業務を行うことによって同項各号に掲げる業務が不公正になるおそれがないものであること。

（廃止の届出）

第四十五条　第四十二条第一項の認定を受けた者（以下「認定個人情報保護団体」という。）は、その認定に係る業務（以下「認定業務」という。）を廃止しようとするときは、政令で定めるところにより、あらかじめ、その旨を主務大臣に届け出なければならない。

2　主務大臣は、前項の規定による届出があったときは、その旨を公示しなければならない。

（対象事業者）

第四十六条　認定個人情報保護団体は、当該認定個人情報保護団体の構成員である個人情報取扱事業者又は認定業務の対象となることについて同意を得た個人情報取扱事業者を対象事業者としなければならない。

2　認定個人情報保護団体は、対象事業者の氏名又は名称を公表しなければならない。

（苦情の処理）

第四十七条　認定個人情報保護団体は、本人等から対象事業者の個人情報の取扱いに関する苦情について解決の申出があったときは、その相談に応じ、申出人に必要な助言をし、その苦情に係る事情を調査するとともに、当該対象事業者に対し、その苦情の内容を通知してその迅速な解決を求めなければならない。

2　認定個人情報保護団体は、前項の申出に係る苦情の解決について必要があると認めるときは、当該対象事業者に対し、文書若しくは口頭による説明を求め、又は資料の提出を求めることができる。

3　対象事業者は、認定個人情報保護団体から前項の規定による求めがあったときは、正当な理由がないのに、これを拒んではならない。

（個人情報保護指針）

第四十八条　認定個人情報保護団体は、対象事業者の個人情報の適正な取扱いの確保のために、利用目的の特定、安全管理のための措置、本人の求めに応じる手続その他の事項に関し、この法律の規定の趣旨に沿った指針（以下「個人情報保護指針」という。）を作成し、公表するよう努めなければならない。

2　認定個人情報保護団体は、前項の規定により個人情報保護指針を公表したときは、対象事業者に対し、当該個人情報保護指針を遵守させるため必要な指導、勧告その他の措置をとるよう努めなければならない。

（目的外利用の禁止）

第四十九条　認定個人情報保護団体は、認定業務の実施に際して知り得た情報を認定業務の用に供する目的以外に利用してはならない。

（名称の使用制限）

第五十条　認定個人情報保護団体でない者は、認定個人情報保護団体という名称又はこれに紛らわしい名称を用いてはならない。

（報告の徴収）

第五十一条　主務大臣は、この節の規定の施行に必要な限度において、認定個人情報保護団体に対し、認定業務に関し報告をさせることができる。

（命令）

第五十二条　主務大臣は、この節の規定の施行に必要な限度において、認定個人情報保護団体に対し、認定業務の実施の方法の改善、個人情報保護指針の変更その他の必要な措置をとるべき旨を命ずることができる。

（認定の取消し）

第五十三条　主務大臣は、認定個人情報保護団体が次の各号のいずれかに該当するときは、その認定を取り消すことができる。

一　第四十三条第一号又は第三号に該当するに至ったとき。

二　第四十四条各号のいずれかに適合しなくなったとき。

三　第四十九条の規定に違反したとき。

四　前条の命令に従わないとき。

五　不正の手段により第四十二条第一項の認定を受けたとき。

2　主務大臣は、前項の規定により認定を取り消したときは、その旨を公示しなければならない。

（主務大臣）
第五十四条　この節の規定における主務大臣は、次のとおりとする。ただし、内閣総理大臣は、この節の規定の円滑な実施のため必要があると認める場合は、第四十二条第一項の認定を受けようとする者のうち特定のものについて、特定の大臣等を主務大臣に指定することができる。
一　設立について許可又は認可を受けている認定個人情報保護団体（第四十二条第一項の認定を受けようとする者を含む。次号において同じ。）については、その設立の許可又は認可をした大臣等
二　前号に掲げるもの以外の認定個人情報保護団体については、当該認定個人情報保護団体の対象事業者が行う事業を所管する大臣等
2　内閣総理大臣は、前項ただし書の規定により主務大臣を指定したときは、その旨を公示しなければならない。

第六章　雑則

（適用除外）
第五十五条　個人情報取扱事業者のうち次の各号に掲げる者については、前章の規定は適用しない。ただし、次の各号に掲げる者が、専ら当該各号に掲げる目的以外の目的で個人情報を取り扱う場合は、この限りでない。
一　放送機関、新聞社、通信社その他の報道機関　報道の用に供する目的
二　大学その他の学術研究を目的とする機関若しくは団体又はそれらに属する者　学術研究の用に供する目的
三　宗教団体　宗教活動（これに付随する活動を含む。）の用に供する目的
四　政治団体　政治活動（これに付随する活動を含む。）の用に供する目的
2　前項各号に掲げる個人情報取扱事業者は、個人データの安全管理のために必要かつ適切な措置、個人情報の取扱いに関する苦情の処理その他の個人情報の適正な取扱いを確保するために必要な措置を自ら講じ、かつ、当該措置の内容を公表するよう努めなければならない。

（地方公共団体が処理する事務）
第五十六条　この法律に規定する主務大臣の権限に属する事務は、政令で定めるところにより、地方公共団体の長その他の執行機関が行うこととすることができる。
（権限又は事務の委任）
第五十七条　この法律により主務大臣の権限又は事務に属する事項は、政令で定めるところにより、その所属の職員に委任することができる。
（施行の状況の公表）
第五十八条　内閣総理大臣は、関係する行政機関（法律の規定に基づき内閣に置かれる機関（内閣府を除く。）及び内閣の所轄の下に置かれる機関、内閣府、宮内庁、内閣府設置法（平成十一年法律第八十九号）第四十九条第一項及び第二項に規定する機関並びに国家行政組織法（昭和二十三年法律第百二十号）第三条第二項に規定する機関をいう。次条において同じ。）の長に対し、この法律の施行の状況について報告を求めることができる。
2　内閣総理大臣は、毎年度、前項の報告を取りまとめ、その概要を公表するものとする。
（連絡及び協力）
第五十九条　内閣総理大臣及びこの法律の施行に関係する行政機関の長は、相互に緊密に連絡し、及び協力しなければならない。
（政令への委任）
第六十条　この法律に定めるもののほか、この法律の実施のため必要な事項は、政令で定める。

第七章　罰則

第六十一条　第三十九条第二項又は第三項の規定による命令に違反した者は、六月以下の懲役又は三十万円以下の罰金に処する。

第六十二条　第三十七条又は第五十一条の規定による報告をせず、又は虚偽の報告をした者は、三十万円以下の罰金に処する。

第六十三条　法人（法人でない団体で代表者又は管理人の定めのあるものを含む。以下この項において同じ。）の代表者又は法人若しくは人の代理人、使用人その他の従業者が、その法人又は人の業務に関して、前二条の違反行為をしたときは、行為者を罰するほか、その法人又は人に対しても、各本条の罰金刑を科する。

2　法人でない団体について前項の規定の適用がある場合には、その代表者又は管理人が、その訴訟行為につき法人でない団体を代表するほか、法人を被告人又は被疑者とする場合の刑事訴訟に関する法律の規定を準用する。

第六十四条　次の各号のいずれかに該当する者は、十万円以下の過料に処する。

一　第四十五条第一項の規定による届出をせず、又は虚偽の届出をした者

二　第五十条の規定に違反した者

附則

（施行期日）

第一条　この法律は、公布の日から施行する。ただし、第五章から第七章まで及び附則第二条から第六条までの規定は、公布の日から起算して二年を超えない範囲内において政令で定める日から施行する。

（本人の同意に関する経過措置）

第二条　この法律の施行前になされた本人の個人情報の取扱いに関する同意がある場合において、その同意が第十五条第一項の規定により特定される利用目的以外の目的で個人情報を取り扱うことを認める旨の同意に相当するものであるときは、第十六条第一項又は第二項の同意があったものとみなす。

第三条　この法律の施行前になされた本人の個人情報の取扱いに関する同意がある場合において、その同意が第二十三条第一項の規定による個人データの第三者への提供を認める旨の同意に相当するものであるときは、同項の

同意があったものとみなす。

（通知に関する経過措置）

第四条　第二十八条第二項の規定により本人に通知し、又は本人が容易に知り得る状態に置かなければならない事項に相当する事項について、この法律の施行前に、本人に通知されているときは、当該通知は、同項の規定により行われたものとみなす。

第五条　第二十八条第四項第三号の規定により本人に通知し、又は本人が容易に知り得る状態に置かなければならない事項に相当する事項について、この法律の施行前に、本人に通知されているときは、当該通知は、同号の規定により行われたものとみなす。

（名称の使用制限に関する経過措置）

第六条　この法律の施行の際現に認定個人情報保護団体という名称又はこれに紛らわしい名称を用いている者については、第五十条の規定は、同条の規定の施行後六月間は、適用しない。

（法制上の措置）

第七条　政府は、この法律の公布後一年を目途として、第十一条第一項及び第二項に規定する法制上の措置を講ずるものとする。

（内閣府設置法の一部改正）

第八条　内閣府設置法の一部を次のように改正する。

第四条第三項中第六十一号を第六十二号とし、第三十九号から第六十号までを一号ずつ繰り下げ、第三十八号の次に次の一号を加える。

三十九　個人情報の保護に関する基本方針（個人情報の保護に関する法律（平成十三年法律第　号）第七条第一項に規定するものをいう。）の作成及び推進に関すること。

第十一条中「第三項第六十号」を「第三項第六十一号」に改める。

第三十八条第一項第一号中「並びに市民活動の促進」を「、市民活動の促進並びに個人情報の適正な取扱いの確保」に改め、同項第三号中「（昭和四十八年法律第百二十一号）」の下に「及び個人情報の保護に関する法律」を加える。

附則第一条ただし書中「第四条第三項第五十三号」を「第四条第三項第五十四号」に改める。

理由

高度情報通信社会の進展に伴い個人情報の利用が著しく拡大していることにかんがみ、個人情報の有用性に配慮しつつ、個人の権利利益を保護するため、個人情報の適正な取扱いに関し、基本原則及び政府による基本方針の作成その他の個人情報の保護に関する施策の基本となる事項を定め、国及び地方公共団体の責務等を明らかにするとともに、個人情報を取り扱う事業者の遵守すべき義務等を定める必要がある。これが、この法律案を提出する理由である。

# Chapter 2

# 政府への質問主意書と回答

平成十三年五月十六日提出
質問第六七号

## 「個人情報の保護に関する法律案」に関する質問主意書

提出者　北川れん子

報道機関等が多大な懸念を表明しているなか、個人情報の保護に関する法律案が国会に提出された。市民個々がもっている、私的生活秘匿の自由を保障するプライバシーの権利は、憲法一三条の幸福追求権に含まれるものと解されており、守られなければならないことは当然であり、そのための法制化も必要な状況にある。だが他方、表現の自由は憲法二一条によって保障されており、報道機関による取材活動に国家が介入することは許されず、その恐れがある法律制定は極力控えられなければならない。そのうえで各報道機関は、市民個々のプライバシーの権利を尊重して取材活動にあたり、その名誉や人権が侵されることのないよう最大限の努力をもって対処すべきで、それらは常日ごろからの地道な自主的な努力を積み重ねることが肝要で、そうすることで報道が世論からも支持されうるものとなると考える。さて本法案についてかんがみると、表現の自由が侵される余地があると指摘する向きもあり、危惧すべき点が多々見受けられる。以下、質問する。

一　「放送機関、新聞社、通信社その他の報道機関」（以下「報道機関」という。）が、新聞、週刊・月刊雑誌、書籍、テレビ・ラジオ、インターネット等に掲載、放送、配信するドラマ、バラエティー番組、アニメーション、小説、評論、コラム、文芸作品、史実に基づいた番組・小説、放送大学等教育・教養番組、マンガ、投書・投稿、映画などを編集・制作、執筆するに当たって、取り扱う個人情報は、第五十五条の「報道の用に供する目的」として第五章「個人情報取扱事業者の義務等」の適用対象から除外されるのか否か。それぞれについてその理由とともに見解を示せ。

二　報道機関が、新聞、週刊・月刊雑誌、書籍、テレビ・ラジオ、インターネット等に掲載、放送、配信する週刊誌の広告や企業の広告の編集・制作に当たって、取り扱う個人情報は、第五十五条の「報道の用に供する目的」として第五章の適用対象から除外されるのか否か。その理由と合わせて見解を示せ。

三　報道機関が、「報道の用に供する目的」として取り扱った個人情報が、報道されなかった場合でもこの個人情報は、第五章の適用対象から将来にわたって除外されるのか、否か。その理由とともに見解を示せ。

四　報道機関が、過去に報道した記事を、データベースとして提供する行為は「報道の用に供する目的」として、第五章の適用対象から除外されるのか否か。その理由と合わせて見解を示せ。また、新聞、雑誌、書籍の発行前にインターネット等を利用して速報した行為は第五章の適用対象から除外されるのか否か。また、発行前にデータベース化されて提供する行為は第五章の適用対象から除外されるのか否か。その理由と合わせて見解を示せ。

五　報道機関が野球やサッカー等のスポーツ競技中継、音楽番組、劇場用映画などの放送、配信等を行うために取り扱われる個人情報は、「報道の用に供する目的」として、第五章の適用対象から除外されるのか否か。野球やサッカー等のスポーツ競技、音楽番組、劇場用映画などのそれぞれについて、その理由とともに見解を示せ。

六　野球やサッカー等のスポーツ競技、音楽番組、劇場用映画などを専門に制作し、放送、配信、公開する者（放送委託事業者、映画製作会社等）は、報道機関に該当するのか否か。それぞれの取り扱う者について、その理由とともに見解を示せ。

また、これらの者が取り扱う、野球やサッカー等のスポーツ競技、音楽番組、劇場用映画などを放送、配信する目的で取り扱われる個人情報は、「報道の用に供する目的」として第五章の適用対象から除外されるのか否か。それぞれの取り扱う者について、その理由とともに見解を示せ。

七　公衆に事実を伝える手段を有しない個人がフリー・ジャーナリストとして活動を開始しようとする場合、「報道の用に供する目的」として初めて取り扱う個人情報は、報道機関が「報道の用に供する目的」として取り扱う個人情報に該当するのか否か。その理由とともに見解を示せ。

八　第五十五条の「大学その他の学術研究を目的とする機関若しくは団体又はそれらに属する者　学術研究の用に供する目的」にある、「機関若しくは団体」に、法人格を持たない組織や任意団体を含むのか、否か。団体に属さない個人研究者は、この項目に該当するのか否か。その理由とともに見解を示せ。

九　第五十五条では宗教団体や政治団体が取り扱う宗教、政治活動に供する目的の個人情報に関しても第五章の適用を除外している。自民党や公明党、共産党そして社民党等政党・政治団体が発行する「自由新報」「公明新聞」「赤旗」そして「社会新報」等に掲載する目的で取り扱う個人情報は、第五章の適用対象から除外されるのか否か。その理由と合わせて見解を示せ。適用が除外される場合、「政治活動（これに付随する活動を含む。）の用に供する目的」として、除外されるのか。「報道の用に供する目的」として除外されるのか。その理由とともに見解を示せ。

政治活動であれば、その場合の読者リストも政治活動として適用の除外対象となるのか否か、その理由とともに見解を示せ。

報道であれば、党員リスト、後援会・支援者リストと読者リストが同じ場合は、どのようなケースで政治活動になり、どのようなケースで報道となるのか。第五章の適用対象から除外されるのか否か。具体的事例を挙げて、見解を示せ。

また、朝日新聞、読売新聞、毎日新聞、日本経済新聞、週刊現代、週刊ポスト等新聞、出版社が所有する読者リストは、第五章の適用となるのか、否か。その理由とともに見解を示せ。

一〇　個人情報保護法制化専門委員会（園部逸夫委員長）の「個人情報保護基本法制に関する大綱」では、基本原則について「なお、個人情報の保護に当たって個人情報の有用性に配慮することとしている本基本法制の目的の趣旨に照らし、個々の基本原則は、公益上必要な活動や正当な事業活動等を制限するものではない。基本原則実現のための具体的な方法は、取扱者の自主的な取組によるべきものである。この趣旨は、報道分野における取材活動に伴う個人情報の取扱い等に関しても同様である」としている。政府のＩＴ戦略本部は「大綱を最大限尊重し」としているが、法案では該当する条文はない。法案に盛り込まなかった理由を示せ。

一一　気象業務法や水防法が規定する「放送機関、新聞社、通信社その他の報道機関」の範囲を示せ。個人情報の保護に関する法律案の「放送機関、新聞社、通信社その他の報道機関」の範囲を示せ。その対象は同じなのか否か。異なる場合は、その理由とともにその異なる具体的な範囲を示せ。

一二　第五十五条第一項第三号及び第四号にある「（これに付随する活動を含む。）」の具体的事例を示せ。また、第一号及び第二号に盛り込まなかった理由を示せ。

右質問する。

平成十三年六月五日受領
答弁第六七号

内閣衆質一五一第六七号
平成十三年六月五日

内閣総理大臣　小泉純一郎

衆議院議長　綿貫民輔　殿

衆議院議員北川れん子君提出「個人情報の保護に関する法律案」に関する質問に対し、別紙答弁書を送付する。

衆議院議員北川れん子君提出「個人情報の保護に関する法律案」に関する質問に対する答弁書

一について

個人情報の保護に関する法律案（以下「法案」という。）第五十五条第一項第一号に規定する「報道」とは、「不特定かつ多数の者に対して客観的事実を事実として知らせること又は客観的事実を知らせるとともにこれに基づいて意見若しくは見解を述べること」をいうが、ドラマ、バラエティー番組、アニメーション、小説、評論、コラム、文芸作品、史実に基づいた番組・小説、放送大学等教育・教養番組、マンガ、投書・投稿又は映画の掲載、放送又は配信が報道に該当する場合は、その編集、制作又は執筆に当たっての個人情報の取扱いは報道の用に供する目的で行われる個人情報の取扱いに該当し、報道機関が行うこのような行為については、法案第五十五条第一項により法案第五章の規定は適用されない。

二について

新聞、週刊・月刊雑誌、書籍、テレビ・ラジオ、インターネット等において行う週刊誌の広告や企業の広告の掲載、放送又は配信が報道に該当する場合は、その編集又は制作に当たっての個人情報の取扱いは報道の用に供する目的で行われる個人情報の取扱いに該当し、報道機関が行うこのような行為については、法案第五十五条第一項により法案第五章の規定は適用されない。

三について

報道の用に供する目的で取り扱った個人情報が報道されなかった場合において、報道されないこととなるまでの間における当該個人情報の取扱いについて法案第五十五条第一項により法案第五章の規定が適用されないことはもとより、当該個人情報を将来にわたり報道の用に供する目的で蓄積し、又は保存する行為は報道の用に供する目的で行われる個人情報の取扱いに該当し、報道機関が行う当該行為についても、法案第五十五条第一項により法案第五章の規定は適用されない。

四について

過去に報道した記事をデータベースとして提供する行為や、新聞、雑誌又は書籍の発行前にインターネット等を利用して速報する行為が、報道に該当する場合は、当該行為を行うに当たっての個人情報の取扱いは報道の用に供する目的で行われる個人情報の取扱いに該当し、報道機関が行う当該行為については、法案第五十五条第一項により法案第五章の規定は適用されない。

五について

スポーツ競技中継、音楽番組、劇場用映画等の放送、配信等が報道に該当する場合は、当該放送、配信等を行うに当たっての個人情報の取扱いは報道の用に供する目的で行われる個人情報の取扱いに該当し、報道機関が行う当該取扱いについては、法案第五十五条第一項により法案第五章の規定は適用されない。

六について

法案第五十五条第一項第一号に規定する「報道機関」とは、報道を業として行う者をいうが、スポーツ競技中継、音楽番組、劇場用映画等を専門に制作し、放送し、配信し又は公開する者がこれに該当する場合は、報道機関に該当することとなる。

　スポーツ競技中継、音楽番組、劇場用映画等の放送、配信等が報道に該当する場合は、当該放送、配信等を行うに当たっての個人情報の取扱いは報道の用に供する目的で行われる個人情報の取扱いに該当し、報道機関が行う当該取扱いについては、法案第五十五条第一項により法案第五章の規定は適用されない。

七について

　フリージャーナリストとして活動を開始しようとする者が法案第二条第三項に規定する「個人情報取扱事業者」に該当する場合であって報道の用に供する目的で個人情報を取り扱うときは、初めて行う個人情報の取扱いであっても、報道機関による報道の用に供する目的で行われる個人情報の取扱いに該当する。

八について

　法案第五十五条第一項第二号に規定する「大学その他の学術研究を目的とする機関若しくは団体」には、法人格を持たない組織や任意団体を含む。

　大学その他の学術研究を目的とする機関又は団体に属さない個人は、同号に規定する「大学その他の学術研究を目的とする機関若しくは団体又はそれらに属する者」には該当しない。

九について

　政治団体が発行する機関紙に掲載する目的で行われる個人情報の取扱いは、政治活動の用に供する目的で行われる個人情報の取扱いに該当し、法案第五十五条第一項により法案第五章の規定は適用されない。この場合において、その購読者リストが政治活動の用に供する目的で取り扱われるときは、法案第五十五条第一項により法案第五章の規定は適用されない。

　なお、当該個人情報の取扱いが、報道の用に供する目的をも有する場合は、報道の用に供する目的で行われる個人情報の取扱いにも該当することとなる。

　新聞社又は出版社が所有する購読者リストは、当該購読者リストから得られた情報に基づき報道を行うことが予定されているものであるような場合には、報道の用に供する目的で取り扱われるものとして、法案第五十五条第一項により法案第五章の規定は適用されないが、専ら販売等の報道以外の目的で取り扱われる場合は、報道の用に供する目的で行われる取扱いに該当せず、当該取扱いについては法案第五章の規定が適用される。

一〇について

情報通信技術（ＩＴ）戦略本部個人情報保護法制化専門委員会が取りまとめた「個人情報保護基本法制に関する大綱」は、政府が個人情報保護に関する基本法制を立案するに当たって、その骨格となる事項の趣旨についてまとめたものである。

法案は、同大綱において示された趣旨の下に立案されており、御指摘の趣旨は、法律の目的について規定した法案第一条及び基本原則の性格について規定した法案第三条に盛り込まれている。

一一について

水防法（昭和二十四年法律第百九十三号）第十条第一項や気象業務法（昭和二十七年法律第百六十五号）第十一条に規定する「放送機関、新聞社、通信社その他の報道機関」についても、法案第五十五条第一項第一号に規定する「放送機関、新聞社、通信社その他の報道機関」と同様に、報道を業として行う者をいうものと解されている。

なお、水防法第十条第一項は、気象等の状況により洪水又は高潮のおそれがあると認められる場合に、これを一般に周知させるために協力を求める対象としての報道機関を定めたものであり、気象業務法第十一条は、気象、地象、地動、地球磁気、地球電気及び水象の観測の成果並びに気象、地象及び水象に関する情報を直ちに発表することが公衆の利便を増進すると認める場合に、これを公衆に周知させるために協力を求める対象としての報道機関を定めたものである。他方、法案第五十五条第一項第一号は、個人情報の適正な取扱いの確保を通じて個人の権利利益の保護を図るに当たって報道の自由に配慮するため、法案第五章の規定の適用を除外する対象としての報道機関を定めたものであって、水防法や気象業務法の規定とはその趣旨・目的を異にする。したがって、各規定が適用される場合において、具体的に対象となる報道機関の範囲が異なることはあり得る。

一二について

宗教法人法（昭和二十六年法律第百二十六号）第二条において「宗教団体」とは、「宗教の教義をひろめ、儀式行事を行い、及び信者を教化育成することを主たる目的」とする団体をいうものとされ、また、政治資金規正法（昭和二十三年法律第百九十四号）第三条において「政治団体」とは、「政治上の主義若しくは施策を推進し、支持し、又はこれに反対することを本来の目的とする団体」、「特定の公職の候補者を推薦し、支持し、又はこれに反対することを本来の目的とする団体」等をいうものとされている。このため、宗教団体の行う宗教活動とは「宗教の教義をひろめ、儀式行事を行い、及び信者を教化育成すること」を指し、政治団体の行う政治活動とは「政治上の主義若しくは施策を推進し、支持し、若しくはこれに反対すること、又は特定の公職の候補者を推薦し、支持し、若しくはこれに反対すること」を指すこととなり、一般的に用いられている意味での「政治活動」の範囲よりも狭く解されることとなるおそれがあることから、「これに付随する活動を含む。」と規定することにより、一般的に用いられている意味での「宗教活動」及び「政治活動」が適用除外の対象となることを確認的に規定しているものである。

他方、法案第五十五条第一項に規定する「報道」及び「学術研究」については、これまで法令上、特段の定義を置かず、一般的な概念として用いられてきているところであり、法案第五十五条第一項においても同様に一般的に用いられている意味で「報道」及び「学術研究」と規定しているところであることから、あえて確認的な規定を置く必要はない。

なお、「これに付随する活動」の具体的事例としては、宗教団体による霊園の経営や他宗派にわたる人々に対する葬儀の運営、政治団体による各種団体の組織や活動に対する支援等が想定される。

平成十三年六月二十五日提出
質問第一〇九号

「個人情報の保護に関する法律案」に関する再質問主意書

提出者　北川れん子

政府の高度情報通信社会推進本部が一九九九年七月に設置した「個人情報保護検討部会」が、同年一一月にまとめた「我が国における個人情報保護システムの在り方について（中間報告）」は、「三　個人情報保護のために確立すべき原則」に関し、「これらを個人情報保有者に適用される原則とする場合にあっては法的に様々な検討課題があるので、その適用関係に係る考え方を全体的に整理した上で、法制的な観点から検討する必要がある。」と指摘。その中で、「次のような個別法等に規定のない分野については（中略）基本原則のそれぞれについて具体的にどのような支障が生じるかを検証した上で、憲法上の考え方を踏まえつつ、それぞれの分野における個人情報の利用の程度と保護の現状のバランスをも考慮しながら、各原則の適用除外の要否等について、法制的に検討する必要がある。」として、「報道・出版（第二一条：言論、出版その他一切の表現の自由）」を例示している。

個人情報の保護に関する法律案（以下、法案）には、六月五日付答弁書においても言葉の定義など曖昧な部分がいまだ見受けられ、恣意的運用がされないための歯止めが明確になっていない。重ねて、以下質問する。

一　法案では「その取り扱う個人情報の量及び利用方法からみて個人の権利利益を害するおそれが少ないものとして政令で定める者」は「個人情報取扱事業者」から除外されている。ここでいう「個人情報の量」と「利用方法」

の具体的な数字と利用方法を

―個人情報の量は「五〇〇〇件」―件数は、氏名、住所、電話番号を一括して一件とする―利用方法は、手書きの顧客名簿は含まない―

など具体例を用いて明らかにせよ。加えて、これらの事項について定める政令の時期を示されたい。

二　法案では『「個人情報」とは、生存する個人に関する情報』とされている。ここでいう「生存」の定義を示せ。また、死者の個人情報に関するこの法案での取り扱いを示せ。

三　個人情報データベース等を事業の用に供している「個人情報取扱事業者」とは、個人情報データベース等を所有している事業者を指すのか、否か。また所有している事業者と、これに加え個人情報データベース等を利用している者も含むのか、否か。

―個人情報データベース等を所有している企業は事業者に当たるが、事業の用に供するための利用権限をもたない従業者等は含まない。従って第七章「罰則」第六十三条にいう行為者にも相当しない―

などと想定している具体事例を用いて説明せよ。

四　弁護士が取り扱う個人情報は、第五章の適用を受けるのか否か。適用される場合に想定される主務大臣は、法務大臣と理解してよいか。そうでない場合、想定される主務大臣を示せ。

五　法案第五十五条第一項第二号に規定する「大学その他の学術研究を目的とする機関若しくは団体」に属さない個人が第五章の適用を除外しない理由を示せ。

六　第五十五条に規定する「宗教団体」「政治団体」には、個人は含むか。個人が含まれない場合は、第五章は適用されるのか、否か。適用される場合は、同章を適用することとした理由を示せ。

七　放送法等に基づいて事業を行う日本放送協会など放送機関が、専ら報道の用に供する目的以外で取り扱う個人情報（例：受信契約者リスト等）に関し、想定される主務大臣は総務大臣と理解してよいか、否か。そうでない場合は、想定される主務大臣を示せ。

また、「放送機関、新聞社、通信社その他の報道機関」が「専ら販売等の報道以外の目的で取り扱われる」個人情報に関し、第三十七条から第三十九条に基づいて行う報告の徴収や、助言、勧告及び命令などを行う主務大臣はどこが想定されているのか。

八　六月五日付答弁書、「一について」「二について」「四について」「五について」「六について」で記述されている「報道に該当する場合は」を判断する政府の機関はあるか。ある場合はどこか。答弁者である「内閣総理大臣小泉純一郎」と理解してよいか、否か。そうでない場合は、想定される主務大臣及び機関を示せ。

九　第五十五条第一項第一号に規定する「放送機関、新聞社、通信社その他の報道機関　報道の用に供する目的」に「出版社」を明記しなかった理由を示せ。また、団体に属さず個人で報道活動を行う者に配慮した表現（「報道の用に供する目的で個人情報を取扱う者」）を排除した理由を示せ。

右質問する。

平成十三年七月二十三日受領
答弁第一〇九号

内閣衆質一五一第一〇九号
平成十三年七月二十三日

内閣総理大臣　小泉純一郎

衆議院議長　綿貫民輔　殿

衆議院議員北川れん子君提出「個人情報の保護に関する法律案」に関する再質問に対し、別紙答弁書を送付する。

衆議院議員北川れん子君提出「個人情報の保護に関する法律案」に関する再質問に対する答弁書

一について

個人情報の保護に関する法律案（以下「法案」という。）第二条第三項第五号の政令は、国会における審議等を踏まえ、法案成立後、速やかに制定する予定であり、現時点においてはその内容を決定していない。

なお、法案第二条第三項第五号に規定する「取り扱う個人情報の量」については法案第二条第四項に規定する個人データによって識別される本人の数を、法案第二条第三項第五号に規定する「利用方法」についてはどのような形で事業に活用し、又は管理しているかといった個人データの利用形態を、それぞれ基準とすることを予定している。

二について

法案第二条第一項に規定する「生存する個人」とは、出生し、死亡していない者をいい、死者は「生存する個人」に該当しないため、死者に関する情報は法案第二条第一項に規定する「個人情報」に該当しない。ただし、死者に関する情報が、同時に、遺族等の生存する個人に関する情報でもある場合には、当該生存する個人に関する情報として、法案の適用の対象となる。

三について

法案第二条第三項に規定する「個人情報データベース等を事業の用に供している者」とは、その行う事業のために個人情報データベース等を取り扱っている者をいい、個人情報データベース等を所有しているか否かを問わない。

四について

弁護士が個人情報取扱事業者に該当する場合は、法案第五章の規定が適用される。その場合における主務大臣は、法案第四十一条第一項の規定に従い、個人情報の取扱いのうち雇用管理に関するものについては厚生労働大臣及び当該個人情報取扱事業者が行う事業を所管する大臣等、これ以外のものについては当該個人情報取扱事業者が行う事業を所管する大臣等となる。

なお、弁護士法が弁護士に対する指導監督を弁護士会及び日本弁護士連合会に委ねている趣旨に照らせば、弁護士会及び日本弁護士連合会が弁護士に対し十分な指導監督を行うことが期待されることから、主務大臣において法案第五章に規定する権限を行使すべき事態が生ずることは一般的には想定し難い。

五について

学術研究に該当するか否かの客観的な基準としては、当該活動の継続性、当該活動の内容、他の事業活動からの独立性等についての客観的評価を用いることが相当であると考えられるところ、これらの活動は、通常、論文の執筆、学会誌における発表等を通じて行われることとなることから、学術研究を目的とする機関又は団体に属さない個人についてはその評価が困難であるので、法案第五十五条第一項第二号においては、法案第五章の規定の適用を除外する対象を「大学その他の学術研究を目的とする機関若しくは団体又はそれらに属する者」とし、大学その他の学術研究を目的とする機関又は団体に属さない個人は、その対象とはしていない。

なお、法案第五章の規定が適用される個人が行う学術研究についても、その活動が学問の自由によって保障されるものである限り、法案第四十条の規定において、主務大臣はその活動を妨げないよう配慮することが義務付けられている。

六について

宗教活動及び政治活動は、その性格上、団体として行われることが一般的であることから、法案第五十五条第一項においては、法案第五章の規定の適用を除外する対象を「宗教団体」及び「政治団体」とし、個人は、その対象とはしていない。

なお、法案第五章の規定が適用される個人が行う宗教活動及び政治活動についても、その活動が信教の自由及び政治活動の自由によって保障されるものである限り、法案第四十条の規定において、主務大臣はその活動を妨げないよう配慮することが義務付けられている。

七について

個人情報取扱事業者である放送機関、新聞社、通信社その他の報道機関が、専ら報道の用に供する目的以外の目的で個人情報を取り扱う場合における主務大臣は、法案第四十一条第一項の規定に従い、個人情報の取扱いのうち雇用管理に関するものについては厚生労働大臣及び当該個人情報取扱事業者が行う事業を所管する大臣等、これ以外のものについては当該個人情報取扱事業者が行う事業を所管する大臣等となる。

八について

各主務大臣が個人情報取扱事業者に対し法案第三十七条から第三十九条までの規定により報告の徴収、助言、勧告又は命令を行う場合は、当該個人情報取扱事業者による個人情報の取扱いが法案第五十五条第一項各号に掲げる場合に該当しないことを、各主務大臣において客観的に確認することとなる。

なお、各主務大臣が法案第三十七条から第三十九条までの規定により報告の徴収、助言、勧告又は命令を行った場合において、これに関する訴訟が提起されたときに、各主務大臣による法案第五十五条第一項各号に該当するか否かの判断の当否が裁判所の審査の対象となり得ることは当然である。

九について

法案第五十五条第一項第一号に規定する「報道機関」とは、報道を業として行う者をいうが、一般に出版社が行う事業は文芸その他の広範な出版活動を含むものであり、「出版社」を報道機関の典型例として位置付けることは適当とは言い難いことから、「出版社」を例示していない。

また、報道機関が報道を業として行う者をいうことからすれば、団体に属さず個人で報道活動を行う者が個人情報取扱事業者に該当する場合であって報道の用に供する目的で個人情報を取り扱うときに、当該個人情報の取扱いが法案第五十五条第一項第一号に規定する報道機関が行う報道の用に供する目的での個人情報の取扱いに該当することは明らかである。

# Chapter 3
# 政府の法案Q＆A

政府が二〇〇一年五月に情報通信技術（ＩＴ）戦略本部のウェブサイト（http://www.kantei.go.jp/jp/it/privacy/houseika/houritsuan/qa-law.html）に掲載した個人情報保護法案に関するＱ＆Ａは次の通り。

「個人情報の保護に関する法律案」Ｑ＆Ａ

このＱ＆Ａは、本年三月二七日に国会に提出された「個人情報の保護に関する法律案」について、その背景や考え方等を御理解いただくため、できるだけわかりやすく応答形式で解説したものです。Ｑ＆Ａは、法案を立案した担当室の考え方を示すものであり、法案の成立後、国会における審議等を踏まえて、改めて内容を見直すことがあり得ますので、その旨御留意ください。

また、御意見・御要望に応じてＱ＆Ａを追加することとしておりますので、下の様式を利用して、法案に関する御意見・疑問点をお寄せください。重要なご意見あるいは共通的な御意見等について順次Ｑ＆Ａを追加していくこととしています。（いただいた御質問について質問者に個別に回答することは予定しておりません）

法案に関する御意見・疑問点はこちらをクリックして下さい

**Ｑ一　この法案の背景・必要性は何ですか。**

A一　近年、民間企業や行政機関等全般にわたり、コンピュータやネットワークを利用して、大量の個人情報を処理しており、こうした個人情報の取扱いは今後益々拡大していくものと考えられます。

個人情報は、いったん誤った取扱いをされると、個人に取り返しのつかない被害を及ぼすおそれがあります。実際、企業の顧客名簿などの個人情報が大量に流出するといった問題が相次いだり、個人情報が売買の対象とされたりしているケースも生じ、個人情報の取扱いに対する社会的な不安感が広がっています。

そこで、国民が安心してＩＴ社会の便益が受けられるよう、個人情報の適正な取扱いのルールを定め、国民の権利利益の侵害を未然に防止しようとするものです。

A二　また、国際的にも、個人情報保護に関する各種の取組が進められており、特にＥＵにおいては、近年、個人情報の保護のレベルが十分でない第三国への個人情報の移転を制限する方針を打ち出しています。こうした状況や電子商取引の急速な拡大等を背景に、国際的にも整合性を保った国内法制の整備が急務となっています。

A三　以上のような状況を踏まえ、本法律案は、より良いＩＴ社会の実現に向け、その制度的基盤の一つとして、個人情報保護のための仕組みを整備しようとするものです。

Q二　**この法律案の骨格はどのようになっていますか。**

A一　この法律案では、まず、公的部門・民間部門を通じ、個人情報を取り扱うすべての者が、個人情報の取扱いに当たって、個人情報の保護のために自ら努力すべき一般ルールを「基本原則」として定めています。

さらに、特に、個人情報をコンピュータ・データベースなどに入れて事業に用いている事業者（「個人情報取扱事業者」）については、「個人情報取扱事業者の義務」の規定を設け、より具体的で明確なルールを定めています。

A二　なお、公的部門の個人情報の取扱いについては、昭和六三年に「行政機関の保有する電子計算機処理に係る個人情報の保護に関する法律」（行政機関個人情報保護法）が制定されていますが、この法律案では、政府に対し、公布後一年を目途に行政機関個人情報保護法の見直しと、独立行政法人等に関する法整備を図るよう義務付けています。
また、地方公共団体についても、条例等の整備の努力義務を定めています（Q一三参照）。

**Q三 どのような個人情報が、この法律の対象となるのですか。**

A一 現に生存している個人に関する情報であって、特定の個人を識別することができるものが、この法律案の対象となります。氏名、住所、生年月日等が典型例ですが、これに限らず、特定の個人を識別することができる限り、個人の身体、財産、社会的地位等に関する事実、評価を表す情報等もこの法律案の対象となります。

A二 なお、死者に関する情報が、同時に、遺族等の生存する個人に関する情報でもある場合には、当該生存する個人に関する情報として、この法律案の対象となります。

**Q四 この法律ができると、消費者にはどのようなメリットがあるのですか。個人情報の取扱いについて問題がある場合、どこに申し出ればよいのでしょうか。**

A一 一般消費者との関係では、例えば、企業が保有している顧客情報等は、原則として、本人の同意のない第三者に提供することを禁じており、身に覚えのない企業等から自分の個人情報を知っているとしか思えないような内容のダイレクトメールが来ること等を防止することをねらいとしています。

A二 そして、個人情報取扱事業者の個人情報の取扱いについて問題がある場合、直接その事業者に苦情を申し出て、是正を求めることができます。
また、自分のデータについてチェックできるよう、原則としてその内容の開示や訂正、利用停止を求めることも認められます。

A三 さらに、認定個人情報保護団体や地方公共団体が設置する消費者相談機関等に苦情の処理を申し出ることができます。

A四 そうした機関や団体を利用しても個人情報取扱事業者による個人情報の適正な取扱いが実現されない場合に

は、最終的には主務大臣が勧告、命令等の措置をとることができるほか、開示等の実施に関しては、裁判手続を利用することが可能です。

Q五　「基本原則」とは何ですか。個人が個人情報を取り扱う場合には、どのような義務が生じるのですか。

A一　個人情報は個人の人格尊重の理念の下に慎重に取り扱われるべきものです。

そこで、この法律案では、①「利用目的による制限」、②「適正な取得」、③「正確性の確保」、④「安全性の確保」、⑤「透明性の確保」の五つの「基本原則」を定めています。

A二　「基本原則」では、全ての個人、団体、法人、機関が個人情報の保護のために、自ら、この五つの原則に則して、個人情報の適正な取扱いを行なうよう努力すべきことを定めています。

具体的にどのような取扱いが適正であるかは、自ら、公益上の必要性や正当な事業活動の必要性を考慮しつつ、個人情報の保護の必要な範囲を判断していただくこととなります。

A三　したがって、基本原則は、公益上の活動又は正当な事業活動における個人情報の取扱いを抑制しようとするものではありません。

Q六　どのような事業者に「個人情報取扱事業者の義務」が適用されるのですか。

A一　この法律案では、「個人情報取扱事業者の義務」の規定が適用されるのは、個人情報をコンピュータなどを用いて検索することができるように体系的に構成した「個人情報データベース等」を事業の用に供している事業者となっています。

A二　ただし、これらの事業者のうち、取り扱う個人情報の量及び利用方法からみて個人の権利利益を害するおそれが少ないものとして政令で定める者は、適用対象から除外されることとなります。

政令では、個人情報データベース等として利用されている個人情報によって識別される本人の数を基準とすることが予定されています。具体的な数については国会等での議論を踏まえて定めることになります。

A三　また、別の法律や条例により個人情報の保護が図られることとなる国の行政機関や地方公共団体等についても、この「個人情報取扱事業者」からは除外されます。

A四　この「個人情報取扱事業者」に該当する者に対しては、利用目的による制限、個人情報の取得に際しての利用目的の通知等、安全管理措置、第三者提供の制限、開示、訂正、利用停止などの具体的な義務の規定が適用されることとなります。

なお、個人情報取扱事業者に該当しない者であっても、「基本原則」にのっとって個人情報を適正に取り扱う努力義務はあります。

**Q七　個人情報を第三者に提供する場合には、必ず本人の同意を得ることとなるのですか。**

A一　近年の情報通信技術の発達は、個人情報の流通範囲、利用可能性を飛躍的に拡大させ、特に、いわゆるデータベースのようにコンピュータなどを用いて検索が可能な状態にある個人情報（「個人データ」）が無制限に第三者に提供された場合には、本人に関する他のデータとの結合・加工が容易であることから、本人にとって不測の権利利益侵害をもたらす可能性が増大することとなります。

A二　したがって、この法律案では、個人情報取扱事業者が個人データを第三者に提供することは、本人の権利利益の保護という観点から、特に注意すべき行為と位置付け、原則として本人の同意を得るべきこととしたものです。

A三　しかしながら、個人データを第三者に提供すること自体は、必ずしも直ちに個人の権利利益を侵害するものとは言えないため、例えば、人の生命、身体又は財産の保護といった他に保護すべき明確な権利利益が存在する場合には、同意を得なくても提供することができます。

A四　また、本人の求めに応じて個人データの第三者への提供を停止することとしている場合には、第三者に提供される個人データの種類や提供方法等をあらかじめ明らかにしておくことにより、事前に本人の同意を得なくても、第三者への提供を行なうことができることとしています。

Q八　本人から個人情報の開示の求めがあった場合、必ず開示されるのですか。

A一　この法律案では、「個人情報取扱事業者」（個人情報データベース等を事業の用に供する者）は、本人から自己のデータについて開示の求めがあったときは、次の①から③に該当する場合を除き、原則として、その求めに応じることを義務付けています。（開示をしなくてもよい場合）

①本人又は第三者の生命、身体、財産その他の権利利益を害するおそれがある場合（例えば、本人に関する情報の中に第三者の情報が含まれており、開示することが第三者にとって不利益となる場合など。）

②当該個人情報取扱事業者の業務の適正な実施に著しい支障を及ぼすおそれ（※）がある場合（例えば、保有個人データの中に評価又は判断等が含まれている場合であって、開示することにより試験又は人事管理等の業務の実施に著しい支障を及ぼすおそれがある場合など。）

③他の法令に違反することとなる場合

A二　開示・不開示の判断は、一次的には個人情報取扱事業者が行いますが、上記一　の客観的な基準に基づき適正に判断する必要があり、その判断を恣意的に行なうことは認めていません。

（※）「支障を及ぼすおそれ」等は、社会通念等の客観的な経験則等により判断する必要があり、事業者の主観的・恣意的な判断を許容するものではありません。

Q九　「認定個人情報保護団体」とはどのような団体ですか。

A一　この法律案では、民間分野における個人情報の保護に関して、民間団体による自主的な取組を尊重し、政府等が支援していくことを基本的な考え方としています。

A二　「認定個人情報保護団体」の制度は、こうした考え方に沿って、苦情の処理をはじめ個人情報の適正な取扱いの確保を目的として業務を行なう民間の団体に対し、その申請に基づき主務大臣が認定する制度を設け、個人情報の保護を推進しようとするものです。

A三　主務大臣が一定の基準を満たす民間団体を「認定個人情報保護団体」として認定することにより、個人にとっては、安心して苦情を申し出ることができる窓口が明示されることになります。また、認定を受ける団体やその団体の苦情処理の対象となる事業者にとっても、業務に対する信頼性が得られることとなります。

**Q一〇　報道、学術研究、宗教、政治の各分野についての「個人情報取扱事業者の義務」の適用はどのようになっていますか。**

A一　第五章の「個人情報取扱事業者の義務」は、大量の個人情報データベース等を用いて事業の用に供している事業者に対する義務を規定するものであり、報道機関、学術研究機関等、宗教団体、政治団体については、それぞれ、もっぱら報道、学術研究、宗教活動、政治活動の用に供する目的以外の目的で個人情報を取り扱う場合を除き、その適用が除外されています。

A二　また、各分野の周辺の取扱いで第五章の「個人情報取扱事業者の義務」の適用を受ける個人情報の取扱いであっても、表現の自由、学問の自由、信教の自由及び政治活動の自由に関わる活動について、主務大臣が勧告・命令等を行なう場合において、これらの活動の自由を妨げることがないよう配慮することを義務付けています。

**Q一一　この法律は、ジャーナリズムを抑圧することになりませんか。報道分野については、基本原則についても適用を除外する必要はないのですか。**

A一　第五章の「個人情報取扱事業者の義務」は、規定の遵守の確保について、最終的には勧告・命令等の行政の関与が予定されています。このため、ジャーナリズムに適用した場合、事前規制となるおそれがあることから、疑義が生じないよう、報道機関が報道の用に供する目的で個人情報を取り扱う場合について、第五章の適用を除外しています。

A二　他方「基本原則」は、法律上一律かつ具体的な義務を課すものでなく、個人情報を取り扱うすべての者が、個人情報の保護のために、自ら判断し、個人情報の保護のために努力すべきことを定めるものであり、また、主務大臣による関与も前提とされていないことから、報道機関における正当な報道活動を制限するものではありません。

A三　このように、ジャーナリズムの自主性を尊重し、その活動を抑圧することとならないような制度としています。

**Q一二　出版社や、フリーのジャーナリストは、報道機関として、「個人情報取扱事業者の義務」が適用除外とならないのですか。**

A一　第五五条により「個人情報取扱事業者の義務」が適用除外とされる「報道機関」とは、「報道」を反復・継続的に業として行なう機関をいい、新聞社、放送局、通信社に限るものではありません。

報道を内容とする雑誌等出版物の発行を行なう「出版社」は、報道機関に含まれます。

A二　フリーのジャーナリストが大量の個人情報をデータベース化して利用していない場合は、そもそも「個人情報取扱事業者」の定義に該当しないため、第五章の「個人情報取扱事業者の義務」の規定は適用されません。

また仮に、フリーのジャーナリストが大量の個人情報をデータベース化して利用している場合は、「個人情報取扱事業者」に該当することとなりますが、「報道機関」は法人・個人の別を問いませんので、第五五条の適用除外を受けます。

A三　したがって、いずれの場合も、「基本原則」のっとって個人情報を適正に取り扱う努力義務はありますが、第五章の「個人情報取扱事業者の義務」の規定は適用されません。

**Q一三　国の行政機関や地方公共団体の保有する個人情報については、どのように保護されるのですか。**

A一　国の行政機関が保有する個人情報については、昭和六三年に「行政機関の保有する電子計算機処理に係る個人情報の保護に関する法律」（行政機関個人情報保護法）が制定されており、この法律に基づき保護制度が整備されています。

A二　しかし、今回、公的部門・民間部門を通ずる基本原則と、民間部門の新たな個人情報保護制度を含む法制が整備されることにかんがみ、公的部門によりふさわしい制度とする観点から、国の行政機関が保有する個人情報について、公布後一年を目途に現行の行政機関個人情報保護法を見直すべき旨を条文上明記しています。

（※）総務省では、行政機関個人情報保護法及び独立行政法人等における個人情報保護制度について検討するための研究会を本年四月から開催しています。

A三　また、地方公共団体が保有する個人情報については、平成一二年四月現在、五二・七％の地方公共団体において個人情報保護条例が制定され、その適正な取扱いが図られています（※）。

この法律案では、地方公共団体に対しても、保有する個人情報の性質、目的等を勘案し、その適正な取扱いが確保されるよう必要な措置を講ずることが求められており、今後各地方公共団体で個人情報保護条例の制定・見直しなどの取組が行なわれることとなります。

（※）団体が定める規則や規程によるものを含めると七五・七％

**Q一四　この法律で民間事業者を規制する前に、現行の「行政機関の保有する電子計算機処理に係る個人情報の保護に関する法律」を見直すべきではないでしょうか。**

A一　昨今、民間企業において、顧客情報を始め多くの個人データがデータベース化され、ＩＴ技術により利用されています。今後、電子商取引の普及により、ますます個人情報の利用が進むことが見込まれています。個人情報は個人の権利利益にも密接に関わっており、その適正な取扱いを確保することが今後の経済活動の一層の発展の上で、事業者にとっても消費者にとっても必要不可欠となっています。

また、特にＥＵにおいては、個人情報の保護のレベルが十分でない域外国への個人情報の移転を制限する方針を打ち出しており、国境を越えて人や情報が大量に移動するようになっている今日、我が国としても、民間分野を含め国際的にも整合のとれた個人情報の取扱いルールを早急に法制化することが必要になっています。

A二　国の行政機関の保有する個人情報については、既に昭和六三年に行政機関個人情報保護法が制定され、制度が整備されているところですが、この法律案において、公布後一年を目途に現行の行政機関個人情報保護法を見直すべき旨を条文上明記しています。

**Q一五　この法律はいつから施行されるのですか。**

A一　この法律案は、三月二七日に政府案として閣議決定され、国会に提出されています。

A二　法律案では、「基本原則」や、国や地方公共団体が行なう「個人情報の保護に関する施策等」などに関する規定の部分（第一章から第四章）は、成立後、公布の日から施行することとされています。

A三　また、「個人情報取扱事業者の義務」などに関する規定の部分（第五章から第七章）は、成立後、公布の日から二年以内で政令で定める日から施行することとなります。これは、「個人情報取扱事業者の義務」の実施に当たっては、各事業者において一定の準備が必要であることから、二年近くの準備期間を設けることとしたものです。

# Chapter 4

## 三一四社の共同声明

「個人情報保護基本法制に関する大綱案」に対する共同声明

二〇〇〇年八月四日

日本新聞協会
日本民間放送連盟
日本放送協会

日本新聞協会、日本民間放送連盟、日本放送協会の新聞・通信・放送三一四社は政府の個人情報保護法制化専門委員会がまとめた「個人情報保護基本法制に関する大綱案（中間整理）」〈以下、大綱案〉に対して以下のように共同の見解を表明する。

情報通信の高度利用が急速に進むなかで、民間部門においても個人情報保護システムの早期の確立が求められている。大綱案はその一歩であり、関係者の努力に敬意を表したい。ただし、個人情報保護の法制化にあたっては憲法の保障する「表現の自由」を損なわない配慮が不可欠である。表現の自由の中核をなす「報道の自由」は国民の知る権利に奉仕するもので、基本的人権のなかでも重要な権利である。大綱案にはその点の配慮が欠けており、この方向で法制化が進むことに大きな危ぐを抱かざるを得ない。

大綱案は個人情報の取り扱いに関して「利用目的による制限」や「透明性の確保」など五つの基本原則を示し、「事業者が遵守すべき事項」として「個人情報の利用目的、利用方法等の公表」や「保有する個人情報の本人に対する開示」など一一項目の規律を掲げた。この原則と規律からなる基本法を、個人情報を扱う民間のすべての事業者を対象に制定しようとする内容である。

そのうえで、「適用対象範囲」は「規律ごとに情報の性格等に即して」検討し、「表現の自由、学問の自由等に十分留意する」と付記している。これは「表現の自由」に関する分野も例外なく基本原則の適用対象とし、各規律については個別に適用を除外するかどうかを検討しようとする考え方である。

各規律が報道分野に適用されると、取材報道、番組制作の過程への不当な干渉を許す懸念が生じることは言うまでもなく、基本原則の順守を要請されるならば取材報道活動の委縮は避けられない。情報提供者と取材側の信頼関係を十分に確保することが困難になり、取材源の秘匿という報道の根幹を崩してしまう恐れも強まる。

また、大綱案は政府に調査権を与え、報道機関が報道のために収集した個人情報をその調査対象にする可能性を残している点も容認できない。報道はその使命を全うするために公権力からの独立が守られていなければならない。

「表現の自由」への配慮を欠く法制化の結果、正確な情報に基づく報道が実現されないことになった場合には、国民の「知る権利」は十分に満たされないことになる。そのような事態にならないように、我々は報道に関する個人情報を基本法の適用の対象外にすることを強く主張する。

# Chapter 5

# 専門委委員長談話

「個人情報保護基本法制に関する大綱」についての園部逸夫専門委員会委員長談話

平成一二年一〇月一一日（水）

本日、個人情報保護法制化専門委員会は「個人情報保護基本法制に関する大綱」を決定し、私から内閣総理大臣に提出しました。

本委員会は、個人情報保護検討部会における御検討の成果を基に、本年二月の初会合以来二八回にわたり、基本法制の骨格となるべき大綱についての検討を重ねてまいりました。その間、多方面の関係者の皆様方からの貴重な御意見、実情についての御説明をお聴きし、また六月に公表した「中間整理」に対しても国民の皆様方や関係各方面からの御意見を多数お聴きすることができました。個人情報保護のための法制化の重要性をあらためて認識したところであります。本委員会の検討に対し、このように多数の皆様方の御支援、御協力をいただきましたことに感謝申し上げます。

本委員会の意見は、大綱に集約しているとおりであります。個人情報の保護につきましては、これまでもいわゆるプライバシーの保護との関連で重要な課題となっていたところでありますが、近年、特に、情報通信技術の発展とその個人情報の処理への活用により、個人情報の保護の重要性が一層増大してきているところであります。そのような中で、今回、我が国における個人情報の保護に関する基本的原則を確立することが極めて重要であります。また、情報通信技術を用いて個人情報を事業の用に供している事業者に対する必要最小限度の規律を整備することは、情報通信技術を高度に用いる社会を実現する基盤として不可欠と考えます。

したがいまして、政府におかれましても、法制化に向けての国民の強い要請に応え、本大綱に沿って早急に法制化に向けた努力をお願いしたいと思います。

個人情報の性質や実際の取扱いの態様は様々であり、一般的法制において、すべてきめ細かな対応を尽くすことは困難であります。したがいまして、個人情報を取り扱う方々に、自ら基本原則に沿って、様々な対応の仕方により努力していただく必要があります。政府におかれましても、個人情報の性質等に対応した適切な法整備及び施策を進めていただく必要があります。

また、情報通信技術の発展は目覚ましく、こうした中、情報通信技術の活用と個人情報の保護の問題は、国際的にも各方面でその調和に向けての活動がなされているところであります。したがいまして、今後の個人情報の保護の推進に当たっては、このような技術動向や国際動向にも十分留意して進める必要があります。

いずれにしましても、法制度というものは作ることに意義があるのではなく、それが適切に運用され成果を上げることに意義があるのであり、そのためには、関係各方面の皆様方のこれからの一層の御努力、御尽力をお願いしたいと思います。

あわせて、「適用除外」の問題について付言させていただきます。

もとより、本大綱においては、個人情報の保護に関して法整備する以上、個人情報の取扱いに関する個人の権利利益の保護を目的としていますが、個人情報の有用性についても配慮する必要があるとしています。すなわち、社会的にその有用性が容認される個人情報の利用については正当に認められる必要があります。

今回、この点に関連して、特に、報道の自由に関する取材活動に伴う個人情報の取扱いが大きな論点となりましたが、取材活動に関しましても有用な個人情報の利用である以上、法律上保護されるべきことは言うまでもありません。問題は、これまでの我が国の歴史、経験を踏まえれば、報道の自由の顕れとしての活動に、行政が事前に直接介入することについては慎重であるべきということであります。

他方、報道分野においても、個人情報が個人の人格尊重の理念の下に適切に保護されるべきことは当然のことであるとともに、それにより、国民の信頼が一層高まることになると考えます。

本委員会でも、この問題に慎重に論議が重ねられた結果、報道分野における個人情報の取扱いについては、本大綱の「三　個人情報取扱事業者の義務等」の諸規定は適用しないこと、また、本大綱の「一　目的」「二　基本原則」の諸規定に基づき、自主的に個人情報の保護の努力を講ずべきことで意見の一致をみたところであります。

関係各方面におかれましては、本大綱の趣旨を御理解いただき、個人情報の保護という現下の重要課題の推進に御支援、御協力をいただきますことを改めてお願いいたします。

園部逸夫委員長談話――個人情報保護法制化専門委員会（第二三回二〇〇〇年七月二八日）大綱案策定に当たって

なかなか一般論ということになるとこれは基本的な問題だから、後でもちろん御訂正いただいても結構でございますので、皆さんの御意見を伺いながら考えていくということになると思いますが、一つのたたき台として、これは委員長としてというよりも私の意見として一言申し上げておきたいと思いますけれども、私はかなり古く生まれたものでございまして、古く生まれたということは戦争中の経験が皆さんの中では比較的長いので、今の方々は恐らくそういうことは一つの歴史として御存じなので、あまり身をもって御存じでないということと、もう一つはそういう例を悪用するというか、利益に援用するというだけでも困るし、と言ってそれについて全く無視するというわけにもまいりません。私は特に表現の自由と学問の自由が戦争中までに随分侵されたという経験を大変重視いたしておりまして、たとえかなりの問題が生ずるとしてもこの憲法上の自由が法律をもって簡単に侵すことはできないものである。それは、そういうことを前提にした上で、非常に難しい表現の自由や学問の自由、あるいは公衆衛生等々と言われておりましたが、そういうものを法律で規制していくときにはよほどの配慮を必要とするであろう。また、規制するかどうかについても配慮が必要であろうと思います。

そこで、一つ私が心配するのは、いずれにしても憲法上の自由を主張する側はどういう法的規制があってもすることはする。これは当然の権利主張でございますし、憲法上の権利の主張というのはそういうものでございまして、たとえ法律をもってしてもそれを頭から全部否定してしまうとか、あるいは調整するというようなことは非常に難しい面がございます。ですから、国際的に日本がこういう個人情報保護法を持っているということを鮮明にすることは非常に重要なことであると同時に、国内的にこれがざる法に終わらないようにしなければならないだろう。できるだけ実効性があると先ほど遠山委員もおっしゃいましたが、実効可能性があるということと、もう一つは実際に効力が発生できるという、そちらの実効性というものも必要でございます。

したがって、ざる法にならないようにするためにはどうしたらいいかということでございますが、一つは私は除外規定であれ対象にしないということも含めて、根本的に考えなければならない問題があると同時に、これは非常に難しい問題ですけれども、やはり情報公開と個人情報の保護については相当強力な行政委員会を立ち上げる必要があると思っております。行政というと、みんな行政機関による規制であるかのように理解しがちですけれども、外国のアメリカの例を見ましても、例えば公正取引委員会や公害等調整委員会のような行政規制委員会というのは司法裁判所とはまた違った立場で国民の権利利益の保護に当たってきたのでありまして、そういう司法的な救済が最終のとりではありますけれども、やはり直面する問題について迅速果敢に解決するということは、その両方の利益をいかに調和するかという意味でも重要な問題でございます。

ただ、なかなか今そういう強力でかつ実効性のある行政委員会をつくるということが非常に難しいということであれば、それはまた考えなければいけないわけですが、私の申し上げているのは何よりも苦情処理やその救済の機関というものをもう少し充実しなければならないだろうと考えるものでございまして、罰則や損害賠償などももちろん重要でございますが、と言ってそれでは事前に何か規制することによって本当に効果を上げ得るような分野であろうかというと、なかなかそういうわけにもいかない。

したがって、苦情が出たり、いろいろな開示請求が出たりする場合に、迅速に果敢に対応できてみんなが納得できるような、そういう機関が必要で、それがいわゆる苦情処理機関の各層における立ち上げの問題であろうと考えるわけです。その辺のところのバランスの問題がひとつあるのではないかということで、これはむしろ政策的な問題ですから、理論的にはいろいろなことを考えますけれども、具体的にそういうことができるだろうかということが一つございます。

それから、調査ということを非常に心配する向きもあるようですけれども、行政機関の調査というのはすべての行政の分野で行なわれております。具体的にそれが行なわれるかどうかということは別として、それがすべて国民の代表としての国会の下で行動する行政機関が法律を適正に実行するために調査をしていくという、これはある意味では必要悪でございます。ただ、それが濫用されないようにするためにはどうすればいいかということが一つございます。

個人情報の保護は恐らくこれまでの法律の中で最も適用範囲の広い分野でございまして、各省各庁でそれぞれ細かい個別法をつくっていくわけではありますけれども、それの基本になるという点では非常に幅の広い法律になる。しかも、個人の権利利益に関わる重要な問題を抱えておりますので、どこまでが基本法の範囲であるか。基本法の範囲でどこまで権利利益に関する明確な規定を受けるのか。もう少し具体的な規制との関連で置く必要もあるのではないかという感じもいたしております。

この点は、恐らく委員の中にも基本法の位置づけということについては必ずしもその理解が一致しない部分もありまして、これをまとめていくのは非常に難しい問題で、それこそ起草委員会の皆さんの大変な御努力によるわけですけれども、その辺のところを私は考えておりますので、そのことだけ一言申し上げます。

# Chapter 6

# 自民党の青少年社会環境対策基本法案

自由民主党「青少年社会環境対策基本法案」(未定稿)

自民党内閣部会二〇〇〇年一一月

(目的)

第一条　この法律は、青少年の健全な育成を阻害するおそれのある社会環境からの青少年の保護に関し、その基本理念を定め、国、地方公共団体、事業者、保護者及び国民の責務を明らかにするとともに、青少年の健全な育成を阻害するおそれのある社会環境からの青少年の保護に関する施策を総合的に推進し、もって青少年の健全な育成に資することを目的とする。

(定義)

第二条　この法律において「青少年」とは、一八歳未満の者をいう。

(2) この法律において「青少年有害社会環境」とは、青少年の性若しくは暴力に関する価値観の形成に悪影響を及ぼし、又は性的な逸脱行為、暴力的な逸脱行為若しくは残虐な行為を誘発し、若しくは助長する等青少年の健全な育成を阻害するおそれのある社会環境をいう。

(3) この法律において「青少年社会環境対策」とは、青少年有害社会環境からの青少年の保護に関する施策をいう。

（基本理念）
第三条　青少年社会環境対策は、次代を担う青少年を健全に育成していくことが我が国社会の将来の発展にとって不可欠の礎である一方で、近年の我が国社会における急激な情報化の進展、過度の商業主義的風潮のまん延等により、青少年有害社会環境のもたらす弊害が深刻化し、かつ、増大している傾向にあることにかんがみ、我が国社会を挙げて取り組むべき国民的課題として、青少年の健全育成にかかわる全ての関係者及び国民各層の協力と連携の下に、家庭、学校、職場及び地域社会のそれぞれにおいて青少年を健全に育成していくための良好な社会環境が確保されるよう配慮することを基本理念とする。
（国の責務）
第四条　国は、前条に規定する基本理念にのっとり、総合的な青少年社会環境対策を策定し、及びこれを実施する責務を有する。
(2)　国は、青少年有害社会環境からの青少年の保護が、我が国社会を挙げて取り組むべき国民的課題であることにかんがみ、広報その他の啓発活動等を通じて、前条に規定する基本理念に関する国民の理解を深めるよう努めなければならない。
（地方公共団体の責務）
第五条　地方公共団体は、第三条に規定する基本理念にのっとり、青少年有害社会環境からの青少年の保護に関し、その地方公共団体の区域の社会的状況に応じた自主的な施策を策定し、及びこれを実施する責務を有する。
(2)　地方公共団体は、前条第二項の国の広報その他の啓発活動等と相まって第三条に規定する基本理念に関する地域住民の理解を深めるよう努めるとともに、青少年有害社会環境からの青少年の保護を目的とする地域の活動を支援するものとする。
（事業者の責務）
第六条　事業者は、第三条に規定する基本理念にのっとり、その供給する商品又は役務について、青少年の健全な育成を妨げることがないよう配慮する等必要な措置を自主的に講じるとともに、国及び地方公共団体が実施する青少年社会環境対策に協力する責務を有するものとする。

（保護者の責務）

第七条　青少年の親権を行う者、後見人その他の者で、青少年を現に監護するものは、青少年の人間形成にとって基本的役割を担うことにかんがみ、その監護する青少年を青少年有害社会環境から保護すべき第一義的責任を有することを自覚し、その保護に努めなければならない。

（国民の責務）

第八条　国民は、社会連帯の理念に基づき、社会のあらゆる分野において青少年有害社会環境からの青少年の保護が図られるよう努めるとともに、国及び地方公共団体が実施する青少年社会環境対策に協力する責務を有する。

（適用上の注意）

第九条　この法律の適用に当たっては、表現の自由その他の国民の基本的人権を不当に侵害しないように留意しなければならない。

（基本方針）

第一〇条　国は第三条に規定する基本理念にのっとり、青少年有害社会環境からの青少年の保護を総合的かつ有機的に推進するため、青少年有害社会環境からの青少年の保護に関する基本的な方針（以下「基本方針」という。）を定めなければならない。

(2)　基本方針は、青少年有害社会環境からの青少年の保護について、次に掲げる事項を定めるものとする。

①　青少年社会環境対策の大綱

②　次条及び第一二条に規定する青少年有害社会環境からの青少年の保護に関する国民的な広がりをもった取組に関する基本的な事項

③　第一四条に規定する事業者等による青少年有害社会環境の適正化のための協定又は規約に関する基本的な事項

④　第一七条に規定する青少年社会環境対策センターの事業に関する基本的な事項

⑤　前各号に掲げるもののほか、青少年有害社会環境からの青少年の保護に関し必要な事項
(3)　内閣総理大臣は、基本方針の案を作成し、閣議の決定を求めなければならない。
(4)　内閣総理大臣は、前項の基本方針の案を作成しようとするときは、あらかじめ、関係行政機関の長と協議しなければならない。
(5)　内閣総理大臣は、第三項の規定による閣議の決定があったときは、遅滞なく、基本方針を公表しなければならない。
(6)　前三項の規定は、基本方針の変更について準用する。

**(国民的な広がりをもった取組の推進)**

第一一条　青少年社会環境対策は、第三条に規定する基本理念にのっとり、国、地方公共団体その他の関係機関及び国民各層の協力と密接な連携の下に、国民的な広がりをもった一体的な取組として推進されなければならない。

第一二条　国及び地方公共団体その他の関係機関は、青少年有害社会環境からの青少年の保護に関し、広く国民各層の関心を高め、その理解と協力が得られるよう、必要な広報その他の啓発活動を積極的に行うものとする。
(2)　前項に規定する広報その他の啓発活動をより推進するものとして、青少年社会環境対策に関する強調月間(以下この項において単に「強調月間」という。)を設けるものとする。この場合において、国及び地方公共団体は、強調月間の趣旨にふさわしい事業を実施するように努めなければならない。

**(財政上の措置等)**

第一三条　国及び地方公共団体は、青少年有害社会環境からの青少年の保護に関する国民的な広がりをもった取組に関し、必要な財政上の措置その他の措置を講じることができる。

**(青少年有害社会環境の適正化のための協定等)**

第一四条　事業者又は事業者団体は、事業者の供給する商品又は役務が青少年の健全な育成を阻害するおそれがあると認めるときは、その商品又は役務の供給に関し、青少年の心身の発達の程度に応じた供給方法その他の青少

年の健全な育成を阻害することのないようにするために遵守すべき規準についての協定又は規約を締結し、又は設定するよう努めなければならない。

(2) 事業者又は事業者団体は、前項の協定又は規約を締結し、又は設定したときは、これを内閣総理大臣（当該事業者又は事業者団体の事業活動が一の都道府県の区域内にとどまる場合にあっては、当該区域を管轄する都道府県知事）に届け出るものとする。

(3) 内閣総理大臣又は都道府県知事は、第一項の規定による届出を受理したときは、その要旨を公表するとともに、当該届出に係る協定又は規約を一般の閲覧に供するものとする。

**(指導及び助言)**

第一五条　内閣総理大臣又は都道府県知事は、第一〇条の基本方針に即し、青少年有害社会環境からの青少年の保護に関し必要があると認めるときは、事業者又は事業者団体に対し、事業者の供給する商品又は役務の供給方法等について必要な指導及び助言を行うことができる。

(2) 関係行政機関の長は、青少年有害社会環境からの青少年の保護に関し特に必要があると認めるときは、内閣総理大臣に対し、前項の規定による指導及び助言を行うよう要請することができる。

(3) 内閣総理大臣は、第一項の規定による指導及び助言を行おうとするときは、あらかじめ、事業所管大臣（当該指導及び助言の対象となる事業者又は事業者団体に係る事業を所管する大臣をいう。）に協議しなければならない。

**(勧告及び公表)**

第一六条　内閣総理大臣又は都道府県知事は、第一〇条の基本方針に即し、事業者の供給する商品又は役務が次の各号のいずれかに該当していると認めるときは、当該商品又は役務の供給に係る事業者又は事業者団体に対し、その供給方法等について必要な措置をとるべきことを勧告することができる。

① 青少年の性的な感情を著しく刺激し、又は性的な逸脱行為を誘発し、若しくは助長するおそれがある場合

② 青少年に粗暴な又は残虐な性向を植え付け、又は暴力的な逸脱行為若しくは残虐な行為を誘発し、若しくは

助長するおそれがある場合

③　その他青少年の不良行為を誘発し、又は助長する等の青少年の健全な育成を著しく阻害するおそれがある場合

(2)　内閣総理大臣は、前項の規定による勧告をしようとするときは、あらかじめ、事業所管大臣（当該勧告の対象となる事業者又は事業者団体に係る事業を所管する大臣をいう。）及び政令で定める行政機関の長に協議するとともに、関係都道府県に対し、当該勧告の内容及び理由を記載した書面により通知しなければならない。

(3)　前項の通知を受けた都道府県の知事は、当該勧告に関し、内閣総理大臣に対し、必要な意見を述べることができる。

(4)　内閣総理大臣又は都道府県知事は、第一項の規定による勧告をした場合において、その勧告を受けた事業者又は事業者団体が正当な理由なくこれに従わないときは、その旨を公表することができる。

(5)　前条第二項の規定は、第一項の規定による勧告について準用する。

**（青少年社会環境対策センター）**

第一七条　内閣総理大臣は、青少年の健全な育成を図ることを目的として設立された民法（明治二九年法律第八九号）第三四条の法人であって、次項に規定する事業を適正かつ確実に行うことができると認められるものを、その申出により、全国に一を限って、青少年社会環境対策センター（以下「対策センター」という。）として指定することができる。

(2)　対策センターは、次の各号に掲げる事業を行うものとする。

①　第一一条及び第一二条に規定する国民的な広がりをもった取組を実施すること。

②　青少年有害社会環境に関する苦情を処理すること。

③　青少年有害社会環境からの青少年の保護に関して必要な広報その他の啓発活動を行うこと。

④　青少年有害社会環境から青少年を保護するための民間の自主的な組織活動を助けること。

⑤　第一四条に規定する協定又は規約の締結又は設定に関し事業者又は事業者団体の相談に応じること。

⑥　地方公共団体における青少年社会環境対策についての情報及び資料の収集及び提供を行うこと。
⑦　内閣総理大臣の委託を受けて、青少年の健全な育成を阻害するおそれのある商品又は役務の供給の状況等についての調査を行うこと。
⑧　前各号に掲げるもののほか、青少年有害社会環境からの青少年の保護のために必要な業務を行うこと。
(3)　内閣総理大臣は、対策センターの財産の状況又はその事業の運営に関し改善が必要であると認めるときは、対策センターに対し、その改善に必要な措置をとるべきことを命ずることができる。
(4)　内閣総理大臣は、対策センターが前項の規定による命令に違反したときは、第一項の指定を取り消すことができる。
(5)　第一項の指定の手続その他対策センターに関し必要な事項は、内閣府令で定める。

**(国と地方公共団体との連携協力)**

第一八条　内閣総理大臣は、必要があると認めるときは青少年有害社会環境からの青少年の保護に関し、地方公共団体に対し、意見を求めることができる。
(2)　地方公共団体の長は、必要があると認めるときは、青少年有害社会環境からの青少年の保護に関し、内閣総理大臣に対し、意見を述べることができる。

**(政府への委任)**

第一九条　この法律に定めるもののほか、この法律の実施のため必要な事項は、政令で定める。

**附　則**

この法律は、公布の日から起算して六月を超えない範囲内において政令で定める日から施行する。

Chapter 7

# 民主党の有害情報規制法案

子どもを有害情報からの子どもの保護に関する法律案骨子

二〇〇一年一二月

一　目的

この法律は、子ども有害情報が子どもの心身の健全な発達に重大な悪影響を及ぼすことにかんがみ、子ども有害情報からの子どもの保護を図るため、保護者、国民、事業者、国及び地方公共団体の責務を明らかにするとともに、子ども有害情報に関する対策の基本となる事項等について定め、もって子どもの権利の擁護に資することを目的とする。

二　定義

1　この法律において「子ども」とは、十八歳に満たない者をいう。

2　この法律において「子ども有害情報」とは、文書図画、映像又は音声によって提供される残虐な暴力、性暴力、人種、民族、障害等による差別、薬物に係る犯罪又は売買春に関する情報であって、これらに関する子どもの価値観の形成に悪影響を及ぼし、又はこれらに関する逸脱行為（犯罪行為を含む。）を誘発し、若しくは助長する等、子どもの心身の健全な発達を阻害するおそれのあるものをいう。

三　基本的理念

1　おとなと子どもを区別することなく多様な情報が提供されている等の現状にかんがみ、子どもは、心身の発達の状況に応じ、その主体性を最大限尊重されつつ、適切な指導及び子ども有害情報から適切に分離される環境の整備により、子ども有害情報から保護されるものとする。

2　子ども有害情報からの子どもの保護は、子どもの養育及び発達についての第一義的責任を有する保護者及び地域住民を主たる担い手としつつ、情報の提供を行う事業者並びに子ども有害情報から子どもを保護するための体制の整備等を行う国及び地方公共団体の協力の下に推進されるものとする。

3　この法律の適用に当たっては、この法律による施策は国民に提供される情報について内容の規制を行うものでないことに留意し、事実を伝える報道を妨げること等表現の自由その他の国民の基本的人権を不当に侵害することがないようにしなければならない。

**四　保護者の責務**

保護者は、子ども有害情報から子どもを保護する第一義的責任を有することを自覚し、子どもの心身の発達の状況に応じ、子ども有害情報からの適切な分離、メディアから得る情報に適切に適応するための教育その他の適切な指導を行うことにより、子ども有害情報から子どもを保護する責務を有する。

**五　国民の責務**

国民は、地域社会その他の社会のあらゆる分野において、子どもが心身の発達の状況に応じ子ども有害情報から適切に分離される環境を整備すること等により、子ども有害情報から子どもを保護するよう努めなければならない。

**六　事業者の責務**

1　事業者は、保護者等が子ども有害情報から子どもを保護する際の判断に資するため、子ども有害情報を提供する場合には、当該情報が子ども有害情報である旨並びにその内容及び有害の程度を明らかにするよう努めなければならない。

2　1に定めるもののほか、事業者は、子ども有害情報を提供する場合には、その提供の方法について、子ども有害情報からの子どもの保護に配慮しなければならない。

七　国の責務

国は、基本的理念に従って、地方公共団体と協力しつつ、子ども有害情報から子どもを保護するための総合的な施策を策定し、及びこれを実施するものとする。

八　地方公共団体の責務

地方公共団体は、基本的理念に従って、子ども有害情報から子どもを保護するため、国及び地域住民と協力しつつ、その地方公共団体の区域の社会的状況に応じた自主的な施策を策定し、及びこれを実施するものとする。

九　子ども有害情報に関する基準の作成

事業者は、子ども有害情報について、中央子ども有害情報対策委員会が定める十七の2の指針に即し、当該情報が子ども有害情報である旨並びにその内容及び有害の程度を明らかにするために必要な基準を作成するよう努めるものとする。

十　教育の充実

国及び地方公共団体は、メディアから得る情報に子どもが適切に適応するための教育その他子ども有害情報から子どもを保護するための学校教育及び社会教育の充実に努めるものとする。

十一　民間における活動に対する援助等

国及び地方公共団体は、子ども有害情報から子どもを保護するために行われる民間における活動に対し、必要な協力及び援助を行うものとする。

十二　情報の収集のための体制の整備等

1　国及び地方公共団体は、子ども有害情報に関する国民からの情報の提供及び相談を受けるために必要な体制の整備を図るものとする。

2　国民は、子ども有害情報からの子どもの保護が促進されるよう、国又は地方公共団体に対し、子ども有害情報に関する情報の提供に努めるものとする。

十三　調査研究
国は、子ども有害情報が子どもの心身の健全な発達に与える影響に関する調査研究を行うものとする。
十四　情報の提供等
1　国及び地方公共団体は、子ども有害情報からの子どもの保護に関する国民の理解を深めるため、この法律による取組の状況等について、情報の提供を行うものとする。
2　国及び地方公共団体は、基本的理念並びにこの法律による保護者、国民及び事業者の責務について、必要な広報その他の啓発活動を行うものとする。
十五　財政上の措置
政府は、この法律の目的を達成するため、必要な財政上の措置を講じるものとする。
十六　国会への報告
政府は、毎年一回、この法律による取組の状況等について、国会に報告するものとする。
十七　中央子ども有害情報対策委員会
1　内閣府に、保護者等として子ども有害情報からの子どもの保護を行う者を代表する委員、情報の提供等を行う事業者を代表する委員及び学識経験のある者である委員からなる中央子ども有害情報対策委員会を置く。
2　中央子ども有害情報対策委員会は、七の施策の策定に際し意見を述べ、情報の提供等を行う事業者が講ずべき措置に関する指針を定め、及び情報の提供等を行う事業者に対し必要な勧告をすることができる。
3　中央子ども有害情報対策委員会の会議は、原則として、公開とする。
4　中央子ども有害情報対策委員会は、必要があると認めるときは、関係行政機関に対し、所属職員の出席説明及び資料の提出を求めることができる。
十八　地方子ども有害情報対策委員会
1　都道府県に、条例で定めるところにより、保護者等として子ども有害情報からの子どもの保護を行う者を代表する委員、情報の提供等を行う事業者を代表する委員及び学識経験のある者である委員からなる地方子ども有害情報対策委員会を置くことができる。
2　地方子ども有害情報対策委員会は、八の施策の策定に際し意見を述べ、及び情報の提供等を行う事業者に対し必要な勧告をすることができる。
3　地方子ども有害情報対策委員会に関し必要な事項は、条例で定める。
十九　施行期日
この法律は、（　　）から施行する。

Chapter 5

# 個人情報保護法関連の年表

| 年 | 月 | |
|---|---|---|
| 一九九八 | 三月一〇日 | ・政府、改正住基法案を閣議決定し、国会提出 |
| 一九九九 | 六月　四日 | ・旧与党三党が住民基本台帳法（住基法）改正で「包括的な個人情報保護法の三年以内法制化」で合意 |
| | 七月一四日 | ・政府が個人情報保護検討部会を設置＝部会は審議を公開 |
| | 八月 | ・自民党の「選挙報道に係る公職選挙法の在り方に関する検討委員会」（七日）と「報道と人権等の在り方に関する検討会」（一一日）の二委員会がメディア規制を求める報告書 |
| | 一〇月　六日 | ・検討部会が日本新聞協会などメディア団体にヒアリングを実施 |
| | 一一月　一日 | ・「児童買春・児童ポルノ処罰法」が施行＝被害児童の個人情報の報道禁止を規定、出版倫理協議会は同法成立にあたり、「言論・出版の自由に対する重大な脅威」との懸念を表明（五月一八日） |
| | 一九日 | ・検討部会、官民の両分野を対象にした基本法の制定を求める「中間報告」 |

| | | |
|---|---|---|
| 一九九九 | 一二月一四日 | ・法務省の人権擁護推進審議会が日本新聞協会、日本雑誌協会に対してヒアリング |
| 二〇〇〇 | 一月二七日 | ・政府は個人情報保護法制化専門委員会を設置＝委員会は審議を非公開 |
| | 三月　九日 | ・専門委員会が報道機関からヒアリングを実施 |
| | 四月　一日 | ・ＮＨＫと民放連が「放送と青少年に関する委員会」を設置 |
| | 五月 | ・参院自民党が「青少年有害環境対策法案」骨子 |
| | 八月　四日 | ・報道三一四社が「報道分野は個人情報保護法の対象外に」と共同声明を発表 |
| | 一五日 | ・電話や電子メールに対する通信傍受法が施行、「報道関係者は運用で除外」 |
| | 九月　八日 | ・専門委が大綱原案となる「素案」公表、報道、学術に宗教を加えた適用除外分野の議論開始 |
| | 一〇月　五日〜六日 | ・日弁連は、人権擁護大会で強制調査権を持つ人権救済機関の設置を求める大会宣言を採択。報道機関に対しては激論の末「慎重な検討が必要」との修正案で決着 |
| | 一一日 | ・専門委、大綱を正式決定し、森喜朗首相に報告 |
| | 一二日 | ・中川官房長官「報道分野において行政の関与は避けるべきだ」と発言 |
| | 一一月一六日 | ・自民党が「青少年社会環境対策基本法小委員会」を内閣部会に設置し、初会合。同委の名称を「青少年を取り巻く有害な環境対策の推進に関する小委員会」に改称（二九日） |
| | 二八日 | ・法務省の人権擁護推進審議会が強制調査を含む新たな人権救済機関創設を求める「中間取りまとめ」を公表 |

| | | |
|---|---|---|
| | 二九日 | ・放送と青少年に関する委員会が民放二社の番組に対して「有害」と見解<br>・宝島社が都を相手に「都青少年健全育成条例」による指定は「違憲」と提訴 |
| | 一二月一五日 | ・町村文相が民放連会長に青少年に配慮した番組づくりを大臣として初めて要請 |
| | 二〇日 | ・東京都の青少年問題協議会が都青少年健全育成条例の改正を求める答申 |
| | 二一日 | ・民主党が一八歳未満の青少年に有害な情報を規制する法律骨子案を公表 |
| 二〇〇一 | 一月二二日～三〇日 | ・法務省人権擁護推進審議会が全国四カ所で公聴会開催 |
| | 二三日 | ・宝島社の東京都青少年健全育成条例違憲訴訟で初弁論＝東京地裁 |
| | 二月　二日 | ・日弁連が「個人情報保護基本法制に関する大綱」への意見書で「公的部門の法整備を優先すべき」と注文 |
| | 六日 | ・自民党が幹事長室に「放送活性化検討委員会」を設置 |
| | 一四日 | ・公明党代表が個人情報保護法で基本原則のメディアへの適用に慎重姿勢を表明 |
| | 一六日 | ・個人情報保護法案の原案が明らかに＝毎日新聞が報道 |
| | 二二日 | ・与党三党が個人情報保護システム検討会を開き、政府から個人情報保護法案で経過説明 |
| | 二三日 | ・法務省人権擁護推進審議会長が公聴会に関する記事で報道各社に配慮を要請 |
| | 二六日 | ・東京都が青少年健全育成条例改正案を議会に提出 |
| | 三月　三日 | ・政府案の素案全文明らかに＝毎日インタラクティブが全文掲載。「出版」「フリージャーナリスト」が適用除外規定で明記されず |

| | | |
|---|---|---|
| 二〇〇一 | 三月　六日 | ・日本新聞協会が報道分野を法の対象外とするよう立法化に当たっての意見書提出。民放連も同様の意見書（九日、二七日）。NHKも意見書提出（二七日） |
| | 一三日 | ・日本書籍出版協会が個人情報保護法案で言論・出版分野を法の対象外を求める意見書。日本雑誌協会も同様な意見書を発表（一四日） |
| | 一五日 | ・日本ペンクラブが個人情報保護法案に懸念を示す緊急声明発表 |
| | 二二日 | ・与党三党が個人情報保護法案を了承 |
| | 二七日 | ・政府、個人情報保護法案を閣議決定し、国会提出 |
| | 二九日 | ・東京都の青少年健全育成条例の改正案が賛成多数で可決、成立 |
| | 四月　四日 | ・民放連、民主党の子ども有害情報規制法案の骨子に懸念を表明 |
| | 一七日 | ・民主党WTが個人情報保護法案に反対する中間報告 |
| | 一八日 | ・ノンフィクション作家、雑誌編集者らが「個人情報保護法拒否！共同アピールの会」を立ち上げ |
| | 一九日 | ・民放連が「放送と青少年問題特別委員会」を設置 |
| | 二四日 | ・社民党内閣・法務部会が個人情報保護法案に反対する見解発表 |
| | 五月　九日 | ・日弁連が個人情報保護法案に反対する意見書提出 |
| | 一〇日 | ・作家らでつくる「共同アピールの会」が政府の立法担当者と公開討論会 |
| | 二五日 | ・法務省の人権擁護推進審議会が「人権救済制度の在り方について」を法相に答申 |
| | | ・民放連が法務省人権審の答申に対し、批判する報道委員長コメント発表 |

| | | |
|---|---|---|
| | 二九日 | ・「共同アピールの会」が東京でシンポジウム、与野党国会議員も参加 |
| | 二九日〜三〇日 | ・出版一六社が全国紙（朝日、毎日、産経）に個人情報保護法案に反対する意見広告掲載 |
| 六月 | 五日 | ・小泉首相が日本雑誌協会との懇談で「個人情報保護法案の今国会での審議は難しい」と継続審議を表明 |
| | 五日 | ・政府が北川れん子氏（社民）の個人情報保護法案に関する質問主意書に対して答弁。「フリージャーナリストも報道機関」と。 |
| | 六日 | ・民主党の鳩山由紀夫代表がシンポで個人情報保護法案の廃案方針を表明<br>・日本新聞協会が法務省人権審の答申に対して批判する意見書提出 |
| | 二九日 | ・第一五一回国会は、個人情報保護法案を継続審議のまま閉会 |
| 七月 | 一日 | ・東京都の改正青少年健全育成条例が一部（不健全図書類指定理由追加部分）施行 |
| | 二三日 | ・政府が北川氏の質問主意書に再答弁。義務規定の除外規定明記で「出版は不適切」 |
| 九月 | 二日 | ・東京の日比谷野外音楽堂で個人情報保護法案に反対する集会。二六〇〇人が参加 |

# あとがき

個人情報保護問題の取材を始めて今夏でちょうど三年目に入った。

当時はコンピューターネットワークへの侵入行為を処罰する「不正アクセス禁止法」の施行（二〇〇〇年二月一三日）前。インターネット上には企業などのコンピューターネットワークが不正アクセスを受けて、個人情報が流出する事件が相次いでいた。

ところが、刑法は形のある有体物が壊されたり、盗まれたりする行為を処罰の対象としている。このため、形のないデジタル情報が勝手に持ち出され、無関係なウェブサイトで公開されたとしても罪に問われない現実があった。警察にもハイテク犯罪を捜査する専門チームは少なく、ネットは〝無法地帯〟とも言われていた。

ネット上には何と携帯電話の番号から目当ての人の住所を調査する業者まで現れる始末だった。特に電気通信事業者からの個人情報の漏えいが社会問題化しており、法規制の及ばない民間分野でも個人情報の保護を図る何らかの法整備の必要性は感じていた。

この考えは、今でも変わっていない。

だから、政府が法整備に乗り出したことは望ましいことだ、と受け止めていた。

ところが、政府の動きが〝ちょっとおかしいな〟と感じ始めたのは、個人情報保護検討部会を設置（一九九九年七月）し、メディア関係団体にもヒアリングに参加を要請し始めた一九九九年八月ごろからだ。

検討部会の有力メンバーに話を聞きに行ったところ、政府はどうやらメディアを含む包括的な個人情報保護法の制定を考えている、という感触を得た。

毎日新聞ではちょうどこのころ政治部、経済部、社会部、夕刊編集部そしてサイバー編集部など各部から記者を集めた「個人情報保護法取材班」をつくり、法制化の動きを追いかけることになった。私も参加することになった。

また、この時期は政府や自民党もメディア規制を狙った法律の制定に相次いで乗り出した。法務省・人権擁護推進審議会の人権委員会設置構想や自民党の青少年社会環境対策基本法案がそれだ。

これらの動きについても並行して取材にかかわるようになった。二〇〇二年以降、メディア界にとっては個人情報保護法案の次に来る大きな問題となるだろう。

一方、個人情報保護法を制定する直接のきっかけとなった住民基本台帳法の改正（一九九九年八月一二日）で導入が決まった住民基本台帳ネットワークシステム（住基ネット）についても取材を進めてきた。

住基ネットは、国民全員に〇～九までの重複しない一一ケタの住民票コード（番号）を強制的に割り当て、コンピューターで一元管理するシステムだ。二〇〇二年八月に稼働を開始する。電子政府・電子自治体の構築に不可欠な本人確認システムの基盤となる。

氏名、生年月日、性別、住所など六情報を宅地建物取引主任者の登録や恩給の給付事務など一〇省庁九三件の本人確認事務に利用したり、地方自治体が国民に配布するＩＣカード「住民基本台帳カード」を利用すれば、居住地以外でも住民票の写しを取得できるなど行政事務の効率化と住民サービスの向上が導入の名目だ。

しかし、構築費に三二〇億円、年間運用費に一八〇億円もかかることから投資効果への疑問や一億二〇〇〇万人を超える国民の個人情報が一気に漏れ出す危険性、そして何より政府によって番号を基に簡単に個人情報の名寄せが可能になる「国民総背番号制」に道を開くことになることから反対の声も大きい。

情報のデジタル化とネットワーク化は、政府に国民のあらゆる個人情報を集中させ、容易に管理可能にした。

国民を統合管理する住基ネットとＩＴ社会に対応した個人情報保護を名目にしたメディア規制は、一見、無関係に映る。飛躍した話と聞こえるかもしれないが、住基ネットと電子政府の構築、そしてメディア規制の動きはひょっとしたら地下では一つの根っこで結びついているのではないかと思い始めている。

オールドメディアの代表で、所管する官庁をこれまで持たなかった新聞までもがＩＴ社会では法規制を受けるというのは、実に象徴的だ。政府は、これを奇貨として戦後ずっとタブーだった表現・報道の自由の領域に一気に踏み込もうとしているのではないか。

インターネットの爆発的な普及により出現したサイバー社会は、現実社会をのみ込みながら徹底した電子管理・監視社会を形成しつつある、と不安を感じ始めている。

本書は、個人情報保護検討部会の設置に始まり、個人情報保護法制化専門委員会の「個人情報保護基本法制に関する大綱」決定（二〇〇〇年一〇月一一日）、政府案の閣議決定（二〇〇一年三月二七日）を経て、同年九月二日に東京・日比谷で開かれた反対集会に至るまでの約二年間に取材してきたことを材料に、個人情報保護法案をメディアとの関係を中心に検証した。

一方、プライバシー侵害など報道被害に対するメディア側の自主的対応が不十分であることが世論のメディア不信を生み、一連のメディア規制に口実を与えている面も否定できない。しかし、この問題に関しては取材が不十分であることもあり、あえて言及しなかった。今後、関心を持っていきたい、と思う。

九月二七日開会の臨時国会へ継続審議となった法案の行方は不透明だ。本書が少しでも廃案に向けた論議の材料を提供できれば幸いである。

個人情報保護法案を検証するうえで、住基ネット問題は欠かせない。当初は、本書に収録する予定だったが紙幅の都合で今回はあきらめざるを得なかった。次の機会に譲りたいと思う。

個人情報保護法取材班では、毎日新聞東京本社の朝比奈豊編集局次長、橋場義之編集委員、東京本社社会部の小川一副部長、そしてサイバー編集部の同僚から、貴重なアドバイスをいただいた。

「山を考えるジャーナリストの会」の友人らの活躍も、本書執筆に大いに励みになった。また、校閲では石川雅之氏にお世話になった。

最後になったが、出版を勧めていただいた緑風出版の高須次郎氏、編集では斎藤あかねさん、高須ますみさんに、感謝を申し上げたい。

二〇〇一年九月一六日

米国同時多発テロ事件に端を発した有事法制論議の高まりに不安を抱きつつ

臺　宏士

〈著者略歴〉

臺　宏士（だい・ひろし）

1966年、埼玉県生まれ。ジャーナリスト。早稲田大卒。90年毎日新聞社入社。山形支局、米沢通信部などを経て96年10月からサイバー編集部。メディア、インターネット規制問題やネット関連の事件・裁判などを担当。「山を考えるジャーナリストの会」事務局長。共著に、「インターネット訴訟2000」（ソフトバンクパブリッシング、2000年）、「電脳記者が行く」（毎日新聞社、1999年）、「ルポ・東北の山と森」（緑風出版、1996年）、「検証・リゾート開発[東日本編]」（緑風出版、1996年）など。

本書で紹介した個人情報保護問題の関連情報は、毎日インタラクティブ「インターネット事件を追う」で随時提供（http://www.mainichi.co.jp/digital/netfile/index.html）。


個人情報保護法《こじんじょうほうほごほう》の狙《ねら》い

2001年10月20日　初版第1刷発行　定価1900円＋税

著　者　臺　宏士
発行者　高須次郎
発行所　緑風出版
〒113-0033　東京都文京区本郷2-17-5　ツイン壱岐坂
［電話］03-3812-9420　［FAX］03-3812-7262
［E-mail］info@ryokufu.com
［郵便振替］00100-9-30776
［URL］http://www.ryokufu.com/

装　幀　堀内朝彦
写　植　R 企 画
印　刷　モリモト印刷　巣鴨美術印刷
製　本　トキワ製本所
用　紙　大宝紙業　E2000



ISBN4-8461-0112-6　C0036